U0639088

西学大家系列

西学
大家系列

丁大同 沈丽妹 编译

Salvador Dali

达利 自述

[西班牙]萨尔瓦多·达利 著

天津出版传媒集团

天津人民出版社

图书在版编目(CIP)数据

达利自述 / (西)萨尔瓦多·达利著；丁大同、沈丽妹编译. -- 天津：天津人民出版社，2019.10
(西学大家系列)
ISBN 978-7-201-14348-4

Ⅰ.①达… Ⅱ.①萨… ②丁… ③沈… Ⅲ.①达利(Dali, Salvador 1904-1989)–自传 Ⅳ.①K835.515.72

中国版本图书馆 CIP 数据核字(2018)第 299978 号

达利自述
DALI ZISHU

出　　版	天津人民出版社
出 版 人	刘　庆
地　　址	天津市和平区西康路 35 号康岳大厦
邮政编码	300051
邮购电话	(022)23332469
网　　址	http://www.tjrmcbs.com
电子信箱	reader@tjrmcbs.com
责任编辑	岳　勇
装帧设计	汤　磊
印　　刷	高教社(天津)印务有限公司
经　　销	新华书店
开　　本	880 毫米×1230 毫米　1/32
印　　张	7
插　　页	2
字　　数	175 千字
版次印次	2019 年 10 月第 1 版　2019 年 10 月第 1 次印刷
定　　价	48.00 元

序

    萨尔瓦多·达利是20世纪最著名的超现实主义画家之一。

    达利于1904年5月11日出生在西班牙加泰罗尼亚省靠近巴塞罗那的菲格拉斯。父亲是菲格拉斯城著名的公证人，母亲是一位虔诚的天主教徒。达利最初从父亲的一位画家朋友那里接触到了印象派绘画，后与朋友一道创办了《热情》一刊。1921年，在马德里美术学院学习，专心对立体主义、未来主义、形而上画派进行了探索。1925年，在巴塞罗那的达尔莫画廊举办了为期四天的个展，得到评论界的关注。1926年，他拜访了毕加索。

    1928年，达利在巴黎接触到超现实主义。1929年，已经在巴黎的布纽尔邀请达利与他共同拍摄超现实主义电影《安达鲁狗仔》，这部电影使巴黎接受了达利。同年11月，在巴黎举办了首届个展。1934年，达利在巴黎、伦敦、纽约等地举办了六次个展，都取得了巨大的成功，成为欧洲最著名的超现实主义画家之一。1934年，他来到美国。1936年，美国《时代》周刊将他选为封面人物，正式确立了他的国际地位。1941年11月，纽约现代美术馆隆重举办了达利回顾展，其中有四十三件油画和十七件素描。之后又在洛杉矶、芝加哥等八个大城市举办了巡回展览。这次活动使达利在美国的声誉大振。

    二战后，达利回到西班牙。在1958年布鲁塞尔举办的万国博览会上，西班牙政府建馆专门展示达利的宗教绘画。1964年，佛朗哥亲自向达利颁发伊莎贝尔大十字勋章以表彰他的突出贡献。在他的晚年各种荣誉接踵而至：1978年，他被选为法兰西艺术学院外籍院士；1979年，他正式加入法国艺术学院。巴黎的蓬皮杜艺术中心还不惜巨资为他举办了大型回顾展。

　　达利一生勤奋，创作了近一千两百幅油画、数千张（件）素描和雕塑；还创作了版画、摄影、时装设计、室内设计、庭园设计和各种奇异的达利式狂想的艺术作品。

　　达利对超现实主义团体的贡献是提供了一套绘画创作的价值观和方法论。他先后探讨了理性、幻觉、偏执狂、超现实主义艺术问题和题材，包括现代科学题材、自然题材、女性题材、政治题材、宗教题材等，还对电影、戏剧、音乐、版画、艺术设计等艺术形式进行了超现实主义的探索，对超现实主义绘画艺术、画技进行了探索，留下许多天才的艺术作品。

目 录

一、出生和家庭

1.我的爸爸和妈妈

1904年5月13日，在西班牙的菲格拉斯市蒙图里奥尔大街二十号，四十一岁的公证人堂·萨尔瓦多·达利·库西为一个新生儿进行户籍登记。

他申报如下：

该男孩于5月11日出生，将为其取名为萨尔瓦多·费利佩·哈辛托。他是申报人与其妻费莉帕·多梅内奇夫人的合法生子，费莉帕·多梅内奇夫人现年三十岁，巴塞罗那人，居住于申报人的住所。他的爷爷是堂·加洛·达利·比尼亚斯，卡达格斯人，已故；奶奶是堂·娜特雷莎·库西·马科，罗萨斯人。他的外婆是堂·娜玛利亚·费雷斯·萨杜尔尼；外公是堂·安塞尔莫·多梅尼奇·塞拉，巴塞罗那人。

证明人有：

堂·何塞·梅尔卡德，赫罗纳省比斯瓦尔人，制革工，居住在本市洛斯蒙赫斯路；堂·埃米利奥·拜格，本市人，音乐家，居住在佩雷拉达大街五号，两人均为法定成年人。

把所有的钟都敲响吧！让劳累的农夫把他那无名脊背的僵硬曲线——那条曲线就像一棵被北风吹得弯向地面的橄榄树树干——伸直一会儿吧，让他以一种片刻沉思的尊贵姿态，把那深深的皱纹里已经填满泥土的面颊伏在长满老茧的手掌上小憩一会儿。

你看!萨尔瓦多·达利刚刚出生。没有一点儿风,5月的天空万里无云。地中海一片平静,在熹微晨光的照耀下,它那光滑如鱼背的海面上闪烁着银白色鱼鳞般的细浪。太美了!萨尔瓦多·达利该知足了。

希腊人和腓尼基人大概就是在这样的早晨在罗萨斯和安普里亚海湾登陆的,为我出生而准备好的文明温床和干净、洁白的夸张床单就铺展在阿姆布丹平原的正中心,这里的景色是世界现存的最具体、最客观的景色。

科雷乌斯岬角的渔夫也把船桨轻轻移动到自己的脚下,使之保持静止不动。船桨还在滴着水,渔夫奋力把他已经咀嚼过上百遍的苦涩雪茄唾到海上,又用他袖子的背面揩干那甜蜜的泪水,泪水是几分钟前在他的泪腺中形成的。接着,他向我们这个方向看来!

你也同样,菲格拉斯的贵子纳西斯蒙图里奥尔,第一艘潜水艇的发源地和制造者,你也向我抬起你那双灰色眼睛。你看着我!

你什么都没看到吗?还有你们所有人,难道也什么都没有看到吗?

只有……

在蒙图里奥尔大街的一幢房子里,一个新生儿正被他的父母仔细而又无限深情地注视着,他的出生在家里引起一阵轻微但不同寻常的骚动。

可悲的你们呀!你们记住我下面说的这句话:我死的那天可不会是这样!

——《达利自传》

2. 家中王者

六岁时,我想当厨师。七岁时,我想当拿破仑。从那时起,我的雄心就从来没有停止过增长。司汤达曾在某个地方提到一位意大利公主在炎热的下午吃冰激凌的快乐感觉："真可惜那不是一种罪孽！"他颇有感慨。我六岁的时候，在厨房里吃任何东西对于我来说都是一种罪孽。走进家里的这个地方，是父母绝对禁止我做的少数几件事之一。我整整几个小时觊觎着，垂涎欲滴，直到找机会溜进那个迷人的地方。当着女仆们的面——她们开心地尖叫着，我抢过一块生肉或烤蘑菇，把它们硬吞下去，差点儿噎住我。可对于我来说，它们有种美妙的味道，一种令人陶醉的品性，只有恐惧和罪恶感才能传递这种感觉。

除了厨房这块禁地之外，我可以随心所欲。在八岁之前，我通常都是在床上小便，而这仅仅是因为我喜欢这样做。我是家里的绝对君主。我觉得没有任何特别好的东西。父母把我奉若神明。一次主显节，在我收到的无数礼物中有一件耀眼的王室服装——镶着大块黄玉的金冠和白鼬皮披风。从那个时刻起，我生活中几乎一直是这身装束。当忙碌的女仆们把我赶出厨房的时候，我多少次都是这身王者装扮：一只手拿着令牌，另一只手拿着掸子，呆立在黑暗的走廊里，气得直发抖，不可遏制地想去狠狠抽打那些姑娘！这种痛苦常常发生在令人窒息又让人产生幻觉的夏季正午之前。可以感觉到在厨房半掩的门里面，那些两手发红的牲畜般的女人在忙碌。可以窥测到她们健壮的屁股和鬃毛一般披散开的头发，还有从那群浑身是汗的女人堆里发出的热量和厨房物品的混杂味儿：散落的葡萄，沸腾的食油，从兔子腋下拔出的毛，沾着蛋黄酱的剪刀，还在微微颤动的金丝雀的肾脏。这种大杂烩，这种即将端上餐桌的美食难以估量的开胃香气夹杂着一股马身上那种酸味向我阵阵袭来。一缕阳光穿过团团烟雾和苍蝇照耀在被打散的蛋白上，蛋白闪闪发亮，活生生就像苟延残喘的马嘴上的泡沫。马在尘埃中摇摆着，血淋淋的鞭子抽打在它们身上，要迫使它们站起来。正如我以前说过的，我是个被溺爱的孩子。

　　我哥哥七岁时患脑膜炎死了,那是在我出生三年前。哥哥的死让父母陷入了深深的绝望,我的降生才让他们得到了慰藉。我和哥哥的长相一模一样,可是表现却截然不同。他和我一样,长着一副天才的面相,他的脸上表现出一种令人不安的早熟,而且他的目光还闪现出那种沉闷智慧所特有的忧郁。我却相反,远不像他那样聪明,但显得很聪明。我大概已经成了大器晚成的典型——"多形态生理变态小子",我几乎还完整保持着吃奶孩子对前世人生的依稀回忆:我无限自私地执着于自己的快乐,稍有触动就变得危险起来。一天下午,我粗鲁地用别针划伤了一位保姆,尽管我敬重她,而这仅仅因为是她带我去买我要的糖果的那个商店关门了。

　　我说过我七岁的时候想当拿破仑,我要解释一下。在我家楼房的三层住着阿根廷的玛塔斯一家人,她的一个女儿叫乌苏莉塔,是个有名的美女。在1900年的加泰罗尼亚口头神话中,传说乌苏莉塔被欧亨尼奥·多尔斯选作他的著作《漂亮姐儿》的加泰罗尼亚女性原型。

　　我满七岁后不久,具有性感吸引力的三楼开始向我发起进攻了。在夏初闷热的傍晚,当三楼阳台发出几乎察觉不到的嘎吱声时,我常常会中止——有时还会猛然中止——我在阳台水龙头那儿喝水的至高快乐(愉快地渴望着,心怦怦跳),以为三楼阳台的门也许会打开。在三楼,我颇有宾至如归的感觉。每天下午大约六点的时候,在一间摆有一个标本鹳的大厅里,一群披头发、操阿根廷口音的迷人的孩子围坐在一张巨大的桌子旁喝马黛茶,茶装在带银吸管的葫芦壳里,孩子轮流着喝。这种口口相传的喝法让我有种别样的不安,产生了一种道德上的心神不宁,并由此闪射出嫉妒之心的钻石般蓝色光芒。轮到我时,我喝了一口这温热的液体,觉得它是最甜的,比蜜还甜,众所周知,那种比血液还甜的蜜。因为我的母亲,我的血总是和我在一起。我的交际支点就是通过我口腔性感区的坚固的凯旋通道完成的。我想喝拿破仑的液体!拿破仑也在那里,在三楼的大客厅里。他的肖像就画在小桶的某一侧面，画在装饰着镀锡铁皮小桶儿的艳丽色彩环画的中间部位。这个小桶被漆成木制式样，里面盛着引起快感的马黛茶料。这个东西就放在中央，准确地说就放在桌子的中央。拿破仑的形象就再现在小马黛茶桶上，对于我来说，这是最重要的。多少年来，他那不可一世的高傲姿态，那披挂于扁平腹部的秀色可餐的白色条带，那发烧般红润的帝王面颊上的肌肉，那醒醍、优美、简洁明快的黑色幽灵般帽子的侧影，恰恰符合我原来给自己原则的理想模式——国王的模式。

当时，大家高唱着这首振奋人心的歌曲：

> 拿破仑就在，
> 一个雕花饰物的一端！

这个小小的拿破仑画像已经占据了我当时尚不存在的精神领域的核心，正如平底锅里煎鸡蛋时的蛋黄（虽无平底锅，然而它已经在平底锅的中央）。

就这样，我在一年的时间里疯狂地确定了自己的等级，从想做厨师到转而要做拿破仑，做个穿着自己并无个性的深色国王服的拿破仑。

——《达利自传》

3. 上学

我七岁那年，父亲决定把我送到学校去。对此，他只得诉诸武力。一路上，他用手使劲拖着我，我则尖叫着，闹得不可开交，我们所过之处，街上所有商店的店主都跑到门口看我们。父母本来终于教会了我两件事：认字母表上的字和写我的名字。可在学校学习了一年之后，他们惊讶地发现,我已经把这两件事完全忘记了。

无论如何这也不是我的错,是我的老师在很大程度上促成了这个结果,或者说,他什么也没有做,而我去学校仅仅是为了持续地睡觉。这位教师的名字是特莱特,这个名字在加泰罗尼亚语里听起来似乎和鸡蛋饼有点儿联系。事实上,他在各方面都是极好的人。他留着两撮辫状白胡子,胡子很长,他坐下来的时候,胡子就会拖到膝盖以下。象牙白的胡子上还呈现着黄斑,黄斑又变成了褐色,就像是吸烟很厉害的人手指尖和指甲盖上或者某些钢琴键上的铜锈色,当然钢琴键是从不吸烟的。

至于特莱特先生,他也不吸烟,吸烟会让他睡不着觉。不过他却代之以鼻烟。每当烟瘾稍微发作,他就吸一点儿鼻烟粉,鼻烟的味道特别香,令他痛痛快快地打喷嚏,把很大一块手绢都喷满了赭色黄斑,那手绢他很少更换。特莱特先生有张很漂亮的托尔斯泰式脸庞,其中又掺杂了一点儿达·芬奇的味道。他蓝色的眼睛很亮,里面肯定布满了梦想和大量诗篇。他着装随意,气味不佳,还不时戴顶大礼帽,这让他在这个地区显得很特别。不过凭他那威严的外表,一切都是尽可原谅的。他生活在一个智慧的传奇光环中,这让他变得无懈可击。他不时投身于周日远足,回来时还带回满满一车宗教雕塑残块、哥特式窗户和其他建筑材料, 这是他从地区教堂里偷的或者是以极低价格买来的。一次,他在钟楼的高处发现了一个浪漫派柱顶,他非常喜欢它。特莱特先生终于在夜晚到达了柱顶处,把它从墙上拆下来。他费了很大的力气推呀推,结果把那面墙壁都弄塌了,两个大钟掉到了邻近一家房屋的屋顶, 在屋顶上留下个大窟窿, 那动静就可想而知了。当全村的人意识到发生了什么事情时,特莱特先生正驾着他的马车飞速逃跑,否则他就逃不出那些不客气的村民的石击了。这件事轰动了菲格拉斯, 不过这也有助于张扬这位主人公的荣耀——他成了热爱艺术的殉道者类人物。这段往事无可争议的结局就是,慢慢地,特莱特先生开始在学校附近修建一座不伦不类的塔式建筑，建筑物内混杂了他掠夺的各式收藏品。他最终以毁坏本地区真正艺术珍品为代价建造了一座俗不可耐的塔楼。

为什么我的父母会选择一所由特莱特先生这样卓尔不群的老师执教的学校呢?我的父亲是位自由思想者,他来自多愁善感的巴塞罗那,一个拥有克拉韦合唱团、无政府主义者和费雷尔案件的巴塞罗那。他自作主张,没有把我送到基督教学校或者马利亚兄弟会学校去,这类学校适合我们这个阶层的人——我父亲是公证人,也是城里最受尊重的人物之一。他不容分辩地把我安置在市立学校——特莱特先生的那个学校里。他这一态度被认为是一种名副其实的怪诞行为,只能以特莱特先生的特殊名气才能为他这种态度开脱。至于特莱特先生的教育才能,父亲的朋友们都是一无所知,因为他们都把自己的孩子送到其他学校受教育。

我与城里最穷的孩子们为伴,度过了我的第一个学年,我觉得这对我天生妄自尊大倾向的进一步发展起了很大作用。实际上,我已经越来越习惯于把自己这个富家子弟看得了不起了。我娇气,而且与我周围的所有穷孩子都截然不同——我是唯一带热牛奶、巧克力的孩子,牛奶和巧克力装在精制的保温瓶里,外面还用一块布罩着,布上绣着我名字的前几个字母。只有我稍微受点磕碰就包上洁白的绷带,只有我身着海员服装,袖子上有用粗重金线绣的标志,帽子上有星章。只有我精心梳理的发型散发出香水味,估计已在其他孩子们中间引起骚动——他们轮流过来嗅我这个享有特权的脑袋。另外,我还是唯一穿带银扣的铮亮皮鞋的孩子。每次当我丢弃我的皮鞋时,都会在我的同学中间引起一场争夺战,他们甚至在冬天都赤着脚或只穿破布鞋,半赤着脚。除此之外,我还是唯一不愿与任何人玩耍或说话的孩子。为此,我的同学们也把我看作特立独行的人,他们只是略显犹豫地接近我,站在近处赞叹从我上衣口袋展露出来的花边儿手绢,或者我那又细又有弹性的竹手杖,手杖的银柄上还刻着个狗头。

那么在这个可悲的官方学校的整整一年里我究竟做了些什么呢?在我孤独沉静的周围,其他孩子们叫喊着、冲动着,终日不得安宁。这种场景让我觉得完全不可理解。他们号叫、哭泣、大笑,疯狂地扑向对方,用牙齿和指甲撕扯下血淋淋的肉来,展现出那种共同和祖传的疯癫,那种疯癫可以在健康生物的典范中休眠,为兽性发展和"行为原则"的实践提供养分。我与这种"行为原则"实践的发展相距甚远!实际上是在另一个极端!更准确地说,我是向着相反的方向发展:我越来越不知道该如何做事了。我佩服那些小孩子的智慧,他们具有各种各样的技艺:能够用小钉子修复破裂的铅笔盒。他们可以用纸片折叠出复杂的图形!他们可以娴熟而又迅速地解开戴上的顽结,可我却由于不知道如何打开门插销而整个下午待在房间里。我一进房间就转向,即使是我很熟悉的房间。我从头上套上我的海员服,却不会把它脱下来,我几次曾试图脱,结果大家都以为我要被闷死了。"实践活动"是我的敌人,外部世界的物体变成了越来越可怕的精灵。

特莱特先生亦是如此。他坐在讲台的高处,以一种越来越接近于植物的思维意识编织着一连串的梦想。有时候,他的梦想就像随风摇曳的灯芯草一般轻柔地朝他摆动,而另外一些时候则沉重得像是根树干。他利用醒来的片刻吸点儿鼻烟,并惩罚一些学生,揪他们的耳朵,直到揪出血来——由于那些学生的喧哗声已经越过了以往界限,学生们或者以准确的一口痰或者用书点火烤栗子,这些举动令他不快地打个激灵,提前醒来。

我再重复一遍, 在这个可悲学校的整整一年里我究竟做了什么呢?仅做了一件事,而且是以一种空前的热情去做的:制造"虚构的回忆"。虚构的回忆与真实的回忆之间的区别与真假珠宝之间的区别一样——假珠宝总是更像真的, 更光亮。我还记得这个时期的一个早晨。由于它的不可能性,我把它当作我的第一个虚构回忆:我看到了如何给一个赤身的小孩洗澡。我不记得孩子的性别了，不过我在孩子的一侧屁股上观察到一群聚集在一起的可怕的蚂蚁，它们像是住在一个橘子般大小的洞里。在给孩子洗身子的时候，有人把孩子反过来，让他肚子朝上。于是我想，蚂蚁肯定被压扁了，洞也给弄坏了。孩子被重新放回原来的姿势时，我十分好奇地想再看看蚂蚁，可是我惊奇地发现，洞没有了，也没有留下一点儿踪迹。虽然我不能确定那是在什么年代，不过这个虚构的回忆十分清晰。

与此相反，我能肯定的是，在我七八岁左右，当我去特莱特先生的学校去上学的时候，我已经忘记了字母表上的字母以及如何拼写我的名字，而我日益增长并无所不能的梦魇与虚构冲动则开始持续凶猛地与我的生活时刻交织在一起。随后，我时常无从得知生活如何从现实开始，又如何结束于想象。

我十六岁了。我到了菲格拉斯，在当地圣母会学校上学。从我们教室到课间休息的场地要走下一个几乎是垂直的石头台阶。一天下午，我无缘无故地突然有了要从台阶高处往下跳的想法。我准备付诸行动，可是在最后一刻，恐惧阻止了我。然而这个想法却一直让我痴迷。我暗地里想第二天再实施这个计划。而且事实上，第二天我无法控制自己的欲望，在和所有同学一起下台阶的时候，我向空中漂亮地一跃，结果摔倒在台阶上，继而向下翻滚。我受到了猛烈的撞击和挫伤，不过一种无法解释的强烈快感让疼痛变得完全无所谓了。这一举动在同年级和高年级同学中成效显著——大家都跑过来帮助我，他们把湿手绢敷在我头上。

——《达利自传》

4. 纨绔子弟

我青春期的不同之处就在于它有意识地强化了所有神话、所有怪癖，以及在我孩提时代就形成的所有缺点、所有美德，我的天才相貌和性格。

我不想对自己做任何改变，也不想改变他人。我越来越强烈地控制着自己想以各种方式强加和抬高自己行为方式的欲望。

我不仅没有在我自恋癖的水塘里继续自鸣得意，而且还把它疏通开来。日益强烈的对自我人格的肯定已经很快升华到新的社会行为准则，由于我极具特色的多样性精神倾向，它必然是反社会和无政府主义的。

小国王已经变成无政府主义者。我在体系和原则上与一切为敌。在孩提时代，我就一直做着"与众不同"的事情，可是我对此几乎没有察觉。现在，我终于懂得了我行为举止中特殊和惊人的一面——"我是故意那样做的"。只要别人说"黑"，我就回答说"白"。别人只要彬彬有礼地问好，我就向他吐唾沫。我这种持续疯狂地要感觉自己"不同"的需要，使我一旦偶然遇上一次把我置于与他人相同境地时，也会让我发疯地哭。无论如何，不管付出多大代价，我是唯一的！我是独一无二的！我要特立独行！

实际上，在这面隐形旗帜的阴影下，这两句话已经如信念般地镌刻在这面旗帜上。我的青春期构建了痛苦的围墙和精神防御工事体系，多少年来，我都觉得它是攻不破的，直到我的老年都能够保护我孤独血腥边境的神圣安全。

也正是以同一种方式，我从在特莱特先生那儿上小学的时候开始就可以重温在屋顶湿渍中看到的"任我想象"的经历，而且后来还可以在塔式磨坊夏季暴雨的浮云中再次重复这种情景。而在我青春期开始的年代，我这种能够把世界改变得超越"视觉形象"范围之外的神奇本领已经为我控制自己的生活情感铺平了道路，以至于我已经掌握了这种魔术般的功能，可以在任何时刻和任何情况下总能看到一些非同寻常的东西，或者相反，殊途同归，可以在不同的东西上"总是可以看到同一种东西"。

我在童年时期表现出的剧烈的极端个人主义在青春期已经演化为强烈的反社会倾向，这种倾向在我开始上中学的时候就表现出来，并且形成了建立在荒谬欺骗精神和系统对立基础上的"绝对纨绔子弟作风"。

我应该承认，一直不停地发生着的糟糕的巧合使我最平庸的戏剧性性格显得更加突出，这对于我神秘信念的形成起了决定性作用，这种信念从我青春期就开始以它缥缈的神圣名义围绕在我个人初期愚昧的周围。

我该上中学了，于是被送到另外一所教会学校，即主母会教会学校。在那段时间里，我力图在数学领域里做出能够引起轰动的成就，那样，我就可以发财。我的方法很简单，是这样的：我用十分钱的硬币购买五分钱的硬币，拿十分钱换五分钱。我能够从父母那儿得到的钱就这样很快全部花光了，从中得到了一种狂热的乐趣，这是所有人都不能理解的，而且这不可避免地引起了轩然大波。一天，父亲给了一个杜罗硬币（五个比塞塔），我赶紧跑出去把它换成了十分钱的硬币，这样我就有了几大摞硬币。一到学校，我就得意扬扬地宣布，我当天要建立自己的五分钱硬币收购台，而且按照自己已往的条件收购。

于是在第一个课间休息时间，我就坐在一张小桌子后面，以极大的乐趣摆上了几摞硬币。同学们聚集在我周围，急于进行我所说的兑换。当着焦虑的大家的面，我切切实实地给了他们十分钱硬币，以换取他们给我的五分钱硬币。我的钱花完以后，我佯装在我的秘密小账簿上过了一下目，然后又把它像个宝贝似的重新放进衣兜里，又用了几个别针把它固定住。然后我满意地搓着手叫道："又赚了！"接着我从我的兑换台后面站起来，大踏步地离开，还向我周围的同学们瞥去蔑视的目光，并带着几乎不能掩饰喜悦的表情说道："我又把你们蒙了，白痴们！"

这种收购硬币的游戏吸引了我，让我不能自拔。从那时开始，我的活动都集中在以尽可能多的借口从父母那里得到尽可能多的钱上面：借口买书或画，或者借口一个非常模范又新奇的行为，以此为多要的钱而开脱。我的金钱需求不断增长，数量也越来越可观，这是唯一能够保证我再一次进行兑换时，进一步扩大我周围轰动性惊讶的方法。

一天，我气喘吁吁地赶到学校，几乎抑制不住自己的兴奋——我带着十五比塞塔，这是我从父母那儿软磨硬泡筹集来的，我可以一次就换出去十五个比塞塔。我极其沉着又有礼貌地开始了我的工作，还不时地停下兑换，看一看我的账簿。我把我的快乐持续了几小时。我的成果已经超越了我奢望的程度。我的同学们互相传问着："你知道达利换出去多少钱吗？""是五个比塞塔！……""不会吧，真的吗？"大家都惊呆了，一再说道："他真是个不可救药的疯子。"

在我所有记忆中，让我一直回味的就是这句话。傍晚，我走出学校，只身在城市里散步，思考着第二天做什么才能让同学们惊异。不过我也利用这种闲荡的机会，以我的"攻击"取乐，我常常可以在比我小的孩子们里找到适合我此项"体育运动"的牺牲品。我的第一次攻击是对一个十三岁的男孩儿发起的。我已经观察了他一会儿，他正呆头呆脑地吃一大块面包和巧克力，一口面包，一口巧克力，他这种几乎是机械性的交替动作在我看来就是一种严重智力不足的表现。除了难看之外，他吃的巧克力也是劣质的，这激起我对这位食客的极大蔑视。我佯装专心地阅读克鲁泡特金的一本书，悄悄接近他，这本书我散步的时候总带在身边。那个孩子看见了我，可是并没有怀疑我，眼看着别处，继续狼吞虎咽地吃着他的面包和巧克力。我掂量了一下，决定了我要做的事情。我接近他的时候，还在为自己的精心策划而自鸣得意。我仔细地观察了他可怕、笨拙的吃相，特别是他吞咽时的样子之后，向他狠击一记耳光，把他的面包和巧克力都打飞了，随即我拼尽全力跑掉了。那个男孩儿过了好大一会儿才明白发生了什么事情。当他明白后想追我的时候，我已经跑得很远了，这让他立刻放弃了要追赶我的愤怒冲动。我看到他弯下身来，捡起他的面包和巧克力。

我这种未受惩治的成就感立刻使我的此类攻击行为演化为经常性施虐的痼疾，而且已经欲罢不能了。我窥测各种合适的机会，以实施这类攻击，而且变得越来越鲁莽了。很快我就发现，我攻击的对象是不是令人同情，这已经不是最重要的了。我的快乐只来自我攻击行为的实施及其所经历的挫折而产生的痛苦之中。

——《达利自传》

5. 到马德里美术学校学习绘画

我二十二岁了，在马德里美术学院上学。一种要有步骤而且不惜一切代价地与其他人的所作所为背道而驰的持续愿望驱使着我，让我变得行为怪诞，而且这种怪诞很快就在美术圈里出了名。在绘画课上，让我们根据模型画一个哥特式圣母马利亚塑像。老师在离开之前，一再强调让我们如实地画"我们看到的东西"。

我立刻在一种突如其来的移花接木冲动的支配下悄悄地画起天平来。那是我从一个产品目录上临摹下来的，每一个细节都画到了。这个时候，大家真的以为我疯了。周末，老师来修改我们的作业，评论我们的进步。老师在我的天平画前站住脚，冷冷地一言不发，同学们都围拢在我的周围。

"也许您和其他所有人一样，看到了圣母马利亚，"我怯生生地说道,可语气很肯定,"可我看到了一个天平。"

还是在美术学校。我们被指派在绘画课上创作一幅油画,准备参加有奖比赛。我打了个赌,要画一幅画,连画笔都不用碰画布就能获奖。我所做的就是把颜料从一米远的距离外泼到画布上完成了一幅点画派作品,图案与颜色都恰到好处,我得了奖。

第二年,我去参加艺术史考试,我渴望好好出一下风头,所以准备得很仔细。我登上讲台,讲台上有评审委员会的三名成员,他们随机抽选了我口头论述的命题。我的运气好得难以置信,那恰恰就是我最喜欢论述的题目。可是我身上忽然充斥了一种难以克制的懒怠,遂毫不犹豫地站起身来——把三位老师和满教室的人惊得目瞪口呆——高声宣称道:"很遗憾,由于我比这三位老师聪明不知多少倍,所以我拒绝接受他们的考试。我太了解这个题目了。"结果是我被带到了纪律委员会,被学校开除了。我的学生生涯就这样结束了。

我住在马德里美术学校学生公寓中一个非常舒适的房间。公寓是个尊贵的地方,要想住进去得有一定社会影响,在那里住的都是西班牙上层家庭的子女。我以最大的决心投身于学习中去。我的生活严格局限于学习。我不去逛街,不去电影院,我出去只是从公寓到学校,然后从学校返回公寓。为了躲开聚集在公寓里的人群,我径直去我的房间,把自己关在房间里继续学习。星期天早晨,我去普拉多美术馆,素描不同画作结构的立体图。从学校到学生公寓的路程我总是乘有轨电车。这样我每天的开销约有一比塞塔。这个规律我遵守了几个月。我的亲戚们从校长兼诗人马基纳那里得知了我这种生活方式,校长受托照看我,而亲戚们都为我的苦行生活担心,认为这对我太过残忍。父亲给我写了几次信,说像我这种年龄需要有点消遣,可以外出郊游,去剧院,和朋友们上街逛逛。可这都无济于事。我从学校到房间,从房间到学校,从来没有超出我每天一比塞塔开销的预算。我的内心生活更不需要什么了。相反,任何一点儿多余的东西都会给我带来一种无法忍受的不快因素,让我厌烦。

我在我的房间里开始画我最初的几幅立体主义绘画, 它们都直接和有意地受到胡安·格里斯画风的影响, 绘画几乎都是单色的。作为对我以前彩色派和印象派时期的反叛, 我画板上仅有的几种颜色是白色、黑色、深黄色和橄榄绿色。

我买了一顶大黑毡帽和一个烟斗, 可我从来没有用这个烟斗吸过烟,也没有把它点燃过,不过我一直把它挂在嘴边。我讨厌长裤子,决定穿短裤,穿长筒袜,有时还有绑腿。下雨的日子里,我穿着从菲格拉斯带来的雨衣,可是它太长了,几乎拖到了地上。我穿着这件雨衣,戴着大黑毡帽,头发像鬃毛似的从帽子两侧露出来。我现在意识到,当时认识我的人说我的装束"棒极了"的时候,并没有丝毫夸张。事实确是如此。我出入我的房间的时候, 总有好奇的人聚在那里看我走过。我走我的路,昂着头,充满自豪。

尽管我起初满腔热忱,可很快我就对美术学校的教师们失望了。我立即明白了,这些满身荣誉和奖章的老教师教不了我任何东西。这并不是由于他们墨守成规,也不是由于他们平庸无能,相反,而是由于他们的进步精神,对所有新鲜事物都开放的精神。这种精神希望找到极限、精确和学识。他们给了我自由、懈怠和模棱两可。这些老教师刚从充满地方特性的民族范例中捕捉到法国印象主义。索罗利亚是他们的神。这样就全完了。

我当时完全反对立体主义。他们为了达到立体主义,还得再活几遍! 我向我的老师提出了急切又令人绝望的问题: 如何调制我的油彩,用什么调,怎样才能得到持久坚实的调料,用什么方法才能得到某种特定效果。老师看着我,被我的问题弄得不知所措。他闪烁其词地回答我,没有任何内容。

"我的朋友," 老实说, "每个人都应该找到自己的方法, 绘画上没有定律。你表达吧,表达一切,你就画你想画的东西,特别是要把心灵投放进去。是气质，让气质来说话！"

"气质，"我内心里忧郁地想着，"在这方面我可以给你点儿东西，我可爱的老师。可是我应该如何以及用什么比例来调和油料和墨汁呢？"

"加油，加油！"老是重复说着，"不要注重细节，直接进入事情的本质，使之简化，简化没有任何规则，没有任何限制。在我的课堂上，所有学生都应该按照自己的气质作画！"

绘画老师，老师！你真愚蠢！需要多少时间，多少次革命，多少次战争，才能让人们回到至高无上的相反真理——即准确是所有等级的基本条件，而限制又是形式的本身模本。绘画老师，老师！你真愚蠢！在我的整个一生中，我的立场一直在客观上有悖常理，在那个时候，我是马德里唯一懂得和绘制立体主义绘画的画家，我向老师们求索精确性、知识以及绘画、透视和颜色的最准确学识。

同学们把我看作是反动派、进步与自由的敌人，他们自称是革命者和革新者，就因为突然间他们可以想怎么画就怎么画了。他们刚刚把黑色从画板上去掉，把黑色称之为肮脏，而用紫红色替代了黑色！他们的最新发现就是这个：所有光亮处都用彩虹色，没有一点儿黑色。阴影处是紫红色。可知这种印象主义革命我在十二岁的时候就尝试过了，而且就在那个时期，我也没有犯过把黑色从画板上去掉的低级错误。只需看一眼雷诺阿的一幅小作品——那是我在巴塞罗那看到的——就足以让我在一秒钟内明白一切了。他们年复一年地把时间消耗在他们的肮脏的——他们错误理解的——彩虹里。我的天啊，人到底有多愚蠢啊！

一天，我把一本关于乔治·布拉克的小专著带到学校。没有人见过任何一幅立体主义画，我的同学中没有一个人想把这类画当回事。解剖模型学学校更注重于科学方法的科目，我的老师听说了这件事，便向我借这本书，他承认从来没有见过这种画，不过他说并不被理解的东西也应该得到尊重。既然它已经作为书出版了，那就意味着它里面一定有点儿什么。第二天，他读了序言，就已经对书有了很多的了解。他向我提到了以前几种突出具有几何图形的非形象表现方法。我对他说，我还不完全是它的概念，因为在立体主义里，有一种非常明显的表现成分。这位老师和其他老师说了这件事，于是他们都开始把我看成是超常的人。这种注意力再次激起我童年时期表现癖的老毛病，因为他们已经不能再教我什么，而我则是一心向他们现身表现"个性"这个东西。尽管我有这种企图，我的行为仍然可称为楷模——我从不缺课，总是彬彬有礼，在各方面都比班上最好的同学快十倍、刻苦十倍。

那时，他们叫我塞诺·帕蒂拉斯，因为我蓄着短络腮胡。1921年，我在美术学院学习期间，络腮胡是最长的。创作有着拉斐尔颈部的自画像时，我的头发正在长，但还不多。有时，我拂晓时起床，触景生情，同时画四五幅画。我带着画布，穿着全套服装，带着所有的画笔，用绳子系着，这使我成了嬉皮士一类人！这样我可以立刻抓到我需要的笔刷。很久之后，我穿的那一件工作服上面有许多胶水，就像一件真正的盔甲。

来自地中海洞穴的海贝，它的粗糙部分的光辉产生了艺术上的奇异风格。布什的怪兽是音乐、森林、哥特艺术、蒙昧主义的产品。拉斐尔怪异风格的形象直接来自庞贝，来自人本主义和地中海的智慧。所有布什怪兽的存在都不过是一个声明：正是难于消化，才使勇士们从讨伐中返回！声明的粗野方式与希腊或罗马式的人本主义相对。拉斐尔画的具有怪异风格的形象正是对这种智慧、这种人本主义的肯定，是一种控制怪兽的方式。对拉斐尔来说，它是荒谬的征服，而布什的怪兽则是被荒谬征服。这就是全部的差异。而我自己是反布什的。让我们成功地造出怪兽吧，但是它们可能完全不相同而且互不兼容！

达利,他是一个纯粹的地中海人!

　　这幅《鸟》有趣的地方是,它的侧面已经够怪异了,它还在内脏里带了一个东西,那是一个胎儿,而代替鸟的胎儿存在的是一只猫!那画中的月亮与我这段时期看到的许多其他的油画中的一样。不是相似提供兴趣,而是不同提供兴趣,即使我使用恩斯特的一幅绘画也是如此。同样,当欧里庇得斯的《菲达》由莱辛处理时,就变得完全相反了。这幅画也是同样的,人们应该看与恩斯特绝不相同之处,而不是看相似之处。对我来说,我也许采用恩斯特的一些东西是作为一个出发点,但是由于我的地中海人的天性,我用从卡德奎兹的土壤里掰下来的要素创造。也就是说,用来自地中海的要素创造。我创造出一只体内带着一个动物的鸟,一个与德国人的学究气毫不相干的怪兽。总之,批评家们刚刚看到一点点相同就从中得到肤浅的或错误的结论。他们错了,但是这不要紧,即使错误,也不过是信息的一部分。

————《达利自传》《达利谈话录》

6. 遇见妻子加拉

　　只有一个人达到了一种可以与文艺复兴的宁静完美相媲美的生活层面,而这个人就是我的妻子加拉。我能得到她真是个奇迹。她可以做出那种转瞬即逝的姿态,带着那《第九交响曲》般的面部表情,这些姿态和表情在反映出一个完美灵魂的结构轮廓的同时又细微到肌肉本身,细微到皮肤表面,细微到她生命层次的海泡石里。它们经过最细腻情感的划分和提炼之后变得结实,再经过组合,形成了有血有肉的结构。正因此,我可以说坐姿下的加拉在风格上绝对可以与罗马蒙托利俄彼得教堂旁边的布拉曼特的坦庇埃脱相比。因为就像司汤达在梵蒂冈所做的那样,我可以准确地把握到她挺拔的操守之柱,她娇嫩又坚强的童年栏栅,她神性的微笑阶梯。就这样,我伏在我的画架前，长达数小时地侧目斜视着她，对自己说，她就像拉斐尔或弗美尔画出的那样完美。我们周围的人似乎还没有长成，被画得太差了！或者更准确地说她们就像那些已经饿得胃痉挛的人在露天咖啡馆匆匆画出的素描漫画。

我二十九岁那年夏天是在卡达格斯。我当时正追求加拉，我们和一些朋友一起在海滩边的一个葡萄架下吃午饭，葡萄架上方有一群蜜蜂，发出震耳欲聋的嗡嗡声。尽管还只是一种刚刚产生但已日趋成熟的沉甸甸爱情扼在我的喉咙上，我还是感到幸福至极，就像一只耀眼的足金章鱼置身于无数忧伤的宝石之中。我刚刚吃了四只烤龙虾，喝了点儿葡萄酒，一种当地产的酒。当地那些酒虽然没有太大的名气，但就其本身质地而言，也是地中海最美味的秘制佳肴之一。它有一种特殊的香气，还有很多很多的虚妄，几乎能刺激人流出伤感的眼泪。

我们吃完午饭时已经很晚了，太阳快要落到地平线了。我光着脚，我们中的一位姑娘一直尖叫着，让人们看看我的脚有多漂亮，她对我已经仰慕一段时间了。事情是明摆着的，可我却觉得她那样做很荒唐。她坐在地上，把头轻轻靠在我的膝盖上。突然间，她把手放在我的一只脚上，随即她那颤抖的手指几乎是察觉不出地贸然抚摸着我的脚。我一下站了起来，脑子里由于一种对自己的奇怪嫉妒感而慌乱，仿佛我突然间变成了加拉。我拒绝了我的崇拜者，把她推倒在地，用尽全力踩踏她，直到其他人跑来把她拖到我够不着的地方为止，此时她已浑身是血。

1936年，在巴黎圣心教堂附近贝克勒尔大街七号我们的住所里，加拉第二天早晨要做个手术，她得在医院里过夜，做些先期处理。手术挺大，可是加拉有着坚不可摧的勇气和生命力，没有表现出任何担心。我们整个下午都在做两件超现实主义制品。她像个孩子般的高兴。她以优美的弓形动作——她的动作让人想起了卡尔帕乔所画的形象,根据机械作用的几个小变化,让人称奇地收敛起一些机械小部件。后来我发现,这个造型充满了她对随后手术的下意识幻想。卓越的生物学特征显而易见:就要被金属触角剥离的细胞膜,纤细的金属触角就是外科器械,一个盛满面粉的钵,面粉用来减缓两个女性乳房的对撞……乳头里生出了公鸡羽毛,抚弄着粉末,温存着相撞击的乳房。羽毛几乎没有触及乳房的表面,在这洁净的面粉中给人以无限轻柔的感觉,轻柔得几乎感觉不到乳房的周边。

与此同时,我制造了一件"东西",我给它取名为"催眠法钟"。这个钟是一个置于豪华基座上的巨型面包,我在面包的背面固定了一打"佩利坎"牌墨水瓶,每个瓶里都插着一根不同颜色的羽毛。我对它产生的效果感到振奋。夜色降临时,加拉已经制作完了她的物品,我们决定在去医院之前,把它送到勃勒东那里去,让他看看。(这类物品的制作已经成为流行趋势,当时在超现实主义圈子里达到了高潮。)我们迅速把加拉的物品放到了一辆出租车上。可是出租车刚启动,一个猛然刹车便让这个本来小心翼翼放在她裙子上的物品散开了,碎块散满了出租车的车厢和座位。最糟糕的就是那个钵,里面的两磅面粉全部洒了出来,弄得我们全身都是面粉。我们想把散落的面粉拾起一部分来,可是面粉已经弄脏了。出租车司机不时回头看看我们手忙脚乱的样子,脸上带着极度怜悯和迷惑的表情。我们在一家商店门前停下车,又买了两磅面粉。

这些事件让我们忘了医院的事,到医院后已经很晚了。我们出现在院子里时,院子浸染在紫红色的5月黄昏下,我们当时的样子在出来迎接我们的护士看来显得怪异和让人紧张。我们想抖掉身上的面粉,结果抖出了一团面粉云雾,特别是我,连头发都沾上了面粉。他们会怎么想这样一个丈夫呢?他从一辆非常普通的出租车下来,带着他要做大手术的夫人,衣服上沾满了面粉,这一切看起来似乎十分有趣。可能对于曾经见过我们当时古怪样子的米歇尔·昂热大街诊所的护士们来说,这仍然是个十分难以破解的谜,也许如果她们偶然读到这几行字,便会恍然大悟。

我把加拉留在医院,匆忙回到家里。我不时而且越来越频繁地继续心不在焉地拍打着顽固沾在衣服上的面粉。我的饭是几只牡蛎和一只烤鸽子,我津津有味地很快把它们吃光了。喝完第三杯咖啡后,我开始继续制作我下午开始制作的对象。不在家的时候,我一直渴望这个时刻,而没有在医院陪伴加拉,只能激发这种期待,并增加其中的乐趣。我对自己即将接受手术的夫人几乎是完全无动于衷,这让我略感诧异,她的手术要在第二天上午十点进行。可即使我再努力也无法感到即使是最轻微的焦虑和动情。对我认为我珍爱的人完全冷漠,对于我的才智来说是个哲学和道德问题。尽管如此,我还是不能对她立即予以关注。

实际上,我就像音乐家一样得到了灵感,新的创意在我的想象力深处闪烁。我在面包上又画了六十个墨水瓶,还用水彩笔分别在小方纸片上画了羽毛,我用六十根细绳把它们固定在面包下面。一阵从街上吹来的温暖微风让所有的画都跳起舞来。我以一种纯真的陶醉注视着我的作品荒诞可怕的面貌。直到深夜两点钟我终于躺下睡觉时,还沉浸在刚刚完成重大作品的快感之中。我很快进入了深沉而安详的梦境。五点钟,我像个魔鬼似的醒了,一种从来没有过的巨大苦楚把我钉在了床上。

我痛苦地慢慢活动着,仿佛过了两千年时间才把毛毯挪开,它快要把我闷死了。我出了一身内疚的冷汗,汗水就像道德曙光初现时在人类灵魂的景色中形成的露珠。黎明划破了天空,鸟儿刺耳的狂乱鸣叫声仿佛在啄击着我向厄运睁开的眼睛的瞳孔,让我的耳朵失聪,并且以热切扩展的花蕾网压迫着我的心脏,所有花蕾正随着春天的活力而绽放。

加拉,加露什卡,加露什基内塔!热泪一颗颗涌上我的眼睛,起初还像分娩阵痛般缓缓而出,随后便如坚定勇猛的疾驶马队奔涌而来,眼泪带着对心爱人的伤感,只见心爱的人坐在绝望马车上的侧影,身上嵌着珍珠,马车正风驰电掣般驶向前方。每当我的泪流减弱时,眼前就会立刻出现一种加拉的瞬间幻象:加拉倚靠在卡达格斯的一棵橄榄树的树干上,做着鬼脸叫我;盛夏里,加拉在科雷乌斯岬角的乱石堆里弯腰捡起一块云母石;加拉游泳游得很远,让我只能看清她小脸上的微笑。这些转瞬即逝的形象以它令人心碎的压力足以让我再次泪如泉涌,就好像坚硬的感觉装置压迫着我眼眶的膈膜,把我记忆的青涩柠檬里我心上人每个光辉幻象的最后一滴汁液都挤了出来。

我魔鬼缠身般奔向医院,抓住外科医生的白大褂,样子像野兽般令人恐怖,而大夫对我关照有加,仿佛我也是个病人。一星期中,我一直以泪洗面,不管什么情况我都会哭起来,这让我超现实主义的亲密朋友们都感到意外。一个星期天,加拉最终脱离了危险,穿着周日服装的死亡时刻彬彬有礼地退回到脚尖上。加露什卡微笑了,她终于把手放到我的面颊上。我温情地想:"即使是这样,我还是要杀了你!"

我尽力以各式各样的小殷勤恭维她:我跑去找来大靠垫,让她更舒服些,或者拿来一杯水,或者请她坐到一个可以更好观赏到风景的地方;我愿意帮助她千百次地穿上或脱掉她的鞋。在散步的过程中,如果我的手偶尔拂过她的手,我的全部神经都会颤抖起来,我立即会听到周围的水果如雨点般掉下,那是我半熟的色情幻觉的果实,仿佛我触碰到的不是加拉的手,而是一个真实的庞然大物,它凶猛而且过早地晃动着我仍然还脆弱的欲望之树。

不过加拉已经意识到我的各种细小反应——她具有世界上独一无二的生命直觉力,但愿没有想到我已经疯狂地爱上了她。我可以看到,她的好奇心正在向着准确无误的实际方向发展。她把我看作是天才——半个疯子,但是具有巨大的道德勇气。她也需要得到点儿什么,那就是她要完成自己的神话。而她所希望得到的东西,她已经开始想到了,或许只有我才能给她!

题为"悲哀的游戏"的画(名字是保罗·艾吕雅取的,我也完全赞成),几天之后就变成所有人日益焦虑的源头。沾着粪便的短裤画得如此细致而又带着切实的快乐,整个超现实主义小团体的人都痛苦地寻思:"他是不是嗜粪族?"我会变成这种令人作呕的变态族的可能性开始在他们中间产生了越来越明显的不安。是加拉决定终结这种怀疑。一天,她把我叫到一边,恳求我定个时间,以便我们可以见面谈谈,而无须考虑如何与大笑毛病做斗争的问题。我告诉她,这并不是件我可以控制得了的事,不过即使在我们谈话的时候我也笑,那并不影响我全神贯注地听她说话,并且对她做出相应的回答。

此事发生在望海宾馆门口。我们约定第二天下午见面,届时我去宾馆找她,然后一道去岩石间散步,在此期间我们可以自由交谈。加拉听我说到关于大笑发作"我控制不了"时的忧虑神态,又促使我产生了狂笑的欲望。眼看着我就要大笑发作,不过我进行了一种超人的努力,一时间得以控制住了自己。我吻了她的手,跑着离开了。

第二天,我去望海宾馆找加拉。我们走向白齿岩石——那是个能引起"世界性抑郁"的地方。我等着加拉以她的方式开始谈话。因为是她想要进行这次谈话的。不过由于已经过了很长时间还没有进入正题,我开始害怕她找不到开始的方式。想到这对她可能是痛苦的,我就采取主动,谈到这次会见的原因。她为此表示感谢,同时她以坚定的口吻让我明白,她并不需要我的帮助。现在我尽力再现一下我与加拉最初谈话中的一次。

"关于您的画《悲哀的游戏》。"

接着就是沉默。在这段时间里我有时间进行了全部想象,我感到有必要对她提的问题进行回答，不过我还是宁愿等着听她将要对我说的话，因为这也许可以让我推断出其他事情。

"这是一件非常重要的作品，而就是为此，保罗、我和他的所有朋友都想知道里面的某些元素，看来您对这些元素非常重视。如果那些'事情'涉及您的生活，我们就不会有任何共同点。因为我厌恶那些事情，它与我这个阶层的生活格格不入。而且这只涉及您自己的生活，与我的生活完全无关。相反，如果您想要做的是把您的画当作争取追随者的热忱宣传工具，甚至把它用来服务于一种我也许可以把它看作灵感意识的东西，我们认为它就有大大削弱您的作品，把它降低为一个纯粹病态心理文献的危险。"

我陡然产生了想用谎言回答她的欲望。如果我承认自己是嗜粪族——就像他们所猜想的那样，这就会让我在所有人眼里更有意思，更非同寻常。可是加拉的语调非常明确，她面部紧绷，由于一种完全高尚的单纯真诚而显得激昂。我感到一种冲动，想对她说实话。

"我向您发誓我不是'嗜粪族'。我在意识上憎恶这种让人恶心的东西，如同您会厌恶它一样。不过我把嗜粪看作一种恐怖元素，就像血液或我对蚱蜢的惧怕一样。"

我希望我的回答能够减轻加拉紧绷的神经。不过相反，我的回答起到了一点儿镇静剂的作用，而且很快就被吸收了。于是我发现，在"嗜粪族"的事情后面还有一件更重要的事情，而这才是她找我谈话的真正原因，是使她面有难色的真正原因。一种细腻而又有感染力的痛苦使她柔嫩的橄榄色皮肤发皱，进而听到她那如突然刮起的清晨微风般的喃喃自语声，我差点儿就要问她：

"那您，怎么了？您担心什么？咱们一下子说清楚，以后就不再提它了。"

可是我保持了沉默，我被她切切实实的肉体搅得心神不安。所有的那些表白有必要吗？她那娇嫩柔美面孔和高挑优雅的体态不是已经做出了回答吗?看着她威风凛凛、乘胜直追时的那种自豪神态,我心里带着一丝油然而生的幽默对自己说:"从美学的观点来看,胜利也会由于紧蹙眉头而显出一脸苦相。这样更好,因为我不想改变初衷!"

我正要去碰她,要用我的胳膊去搂她的腰的时候,加拉那只力图倾出她全部灵魂力量的手已经轻轻抓住了我的手。我以此对她表示敬意,我扑倒在地,扑到她的脚下,而且是从最高处!

她对我说:"我的宝贝儿,我们再也不分开了。"

她注定要成为我的格拉迪瓦那个前进的女人。我的胜利,我的妻子。

——《达利自传》

7. 她是一个罕见的生命

我与加拉情感关系开始之初的特点就是病态异常的持久性、非常明显和突出的精神病理症状。尽管我从大笑中不断得到表面上的喜悦,但它已经让我难以承受,让我越来越痛苦和痉挛,并且成为歇斯底里前状态的征兆。这让我惊慌起来。童年时期的回忆随着我谵妄的幻觉而加剧,在这种幻觉里,我觉得加拉就是我"虚构回忆"里那个女孩儿,她已经变成了女人,提到那个女孩儿时,我叫她加露什卡,就是加拉的昵称。幻影和眩晕(想从悬崖高处扑向某人,或者也许是扑向我自己)越来越强烈地重现出来。在科雷乌斯角岩石间的一次漫步中,我无情地坚持让加拉爬到最危险顶峰的高处去,那里很高。这些攀登都带有我明显的罪恶企图,特别是当我们爬到一个名叫"鹰"的巨大花岗岩块的最高处时更是如此。岩块儿位于一处高耸的悬崖上,向前倾着,就像一只展翅的鹰。在这个高处我发明了一种游戏,并且让加拉加入进来,她所做的就是把长长的花岗岩石块儿剥离下来,让它们在岩石间向下滚动，然后看着它们如何在下面深处的岩石上摔碎或者沉入海里。我做这件事从来都是乐此不疲，只是怕推的不是岩石而是加拉的担忧才迫使我没有爬到很高的地方，在高处我会一直感到危险，并且充满了一种快意震颤的亢奋，那是我能量的一种破坏性宣泄。

加拉开始对我们两人之间不可避免地要发生"点儿"什么一再抱有幻想，一点儿对我们的"关系"有着决定性作用的"非常重要"的东西。然而在我过度兴奋的状态下她能和我在一起吗？我这种状态不仅没有减轻，反而变本加厉，装扮上了疯狂醒目的奢华外表，并且在它后面组织了一场越来越引人注目的"症状"大游行。另外，我的心理条件也似乎变得有传染性，并且威胁到加拉的初期平衡感。

我们长时间在橄榄园和葡萄园里散步，一言不发，处于痛苦和紧张的相互制约状态中，在这种状态里，我们扭曲、压抑并紧紧纠结在一起的情感仿佛希望被我们长长漫步的强度体能所征服，不过精神并不会随意厌倦！只要本能处于无情的不满足状态就没有劳累和停歇，没有身体和灵魂上的筋疲力尽。在这长长的散步中，两个人，两个疯子，他们表现出的大概是个什么样的场景啊！有时候，我扑倒在地，激情地吻加拉的鞋。在此前一刻，我的灵魂里究竟发生了什么事情，竟让我如此热烈地迸发出我的愧疚之情？一天下午，加拉在我们散步的过程中吐了两次，遭受着痉挛的痛苦。这种呕吐是神经源性的，她向我解释说，这是她长期心理疾病的常见症状，这种疾病耗费了她青少年时期的大部分光阴。加拉只吐出了几滴胆汁，胆汁干净得犹如她的灵魂和皮肤的颜色。

在那个时期，我开始画《欲望的适应》，画里的欲望总是通过吓人的狮子脑袋形象表现出来。

"你马上就会知道我想从你那里得到什么。"加拉对我说。

我想我与我画的狮子脑袋并没有太大差别，我总是力图事先习惯于以最可怕表现形式把我的意图急切地表现出来。

我从来没有在加拉尚未准备说出她的忧虑之前要求她向我倾诉。相反,我就像等待一个无法避免的宣判一样等着她,这个宣判一经公布,我们就不能退缩了。在我的生活中,从来没有过"既成爱情",它对于我就意味着是我身体活力的一种极度猛烈和不相称的行为:"那不是我要的"。我利用所有机会以着魔的声调对加拉一再强调:"无论如何你要记住,咱们要保证永远互不伤害!"这种声调已经明显激怒了她。

8月平静得让人发疯的天空中,黄昏时依然密布着被秋季催熟的云朵,我们激情冲动而又富于情趣的收获季节已经开始躁动了。她坐在一块枯燥的岩石上吃着黑葡萄。每吃一串葡萄,她就仿佛变得更光彩照人、更漂亮。每个下午都由于沉默而充满了新的缠绵,我感到加拉随着葡萄园的葡萄而变得甜蜜可人了。甚至接触到她的身体时,我都觉得她的身体是由一棵金色麝香葡萄的天蓝色果肉做成的。那就明天?我们两人都在想。我给她带来两串新摘的葡萄让她选择:"要白的还是黑的?"

我们终于约定的那天, 她穿的是白衣服, 那是件非常轻薄的衣服,我们爬上山丘的时候,那衣服瑟瑟抖动得让我"感到冷"。我们向上爬的时候,风刮得特别凶,这就让我有了不径直向上爬的借口。

我们又向下走,在一处面向大海的石板凳上坐下来,石板凳是开凿在岩石上的,可以为我们遮挡疾风。那是卡达格斯最可怕的荒凉与多石地方之一。9月份的时辰将它一弯"垂死银色"的蒜瓣形新月高悬于我们头上,泪水的原生味道为它罩上了光环,却痛苦地哽咽了我们的喉咙。不过,我们不想哭,我们想解决那件事了。

加拉的脸上呈现出坚毅的神情。

"你想让我为你做什么?"我用胳膊搂着她问道。

她激动得说不出话来。她几次想说话,最终只是猛地摇了摇头,泪水沿着面颊流下来。我继续追问，于是她鼓足着勇气开了口，以她女孩儿般哀怨的声调对我说：

"如果你不愿意做这个，你能答应我不对任何人说这件事吗？"

我吻了她的嘴，吻进了她的嘴里面。这是我第一次这样做。在此之前，我没有想到会以这种方式接吻。我长时间克制和压抑的所有帕西法尔情色欲望由于肌肤的碰撞而骤然升腾。这第一次夹杂着泪水与口水的吻，由于我们牙齿的咯咯相触和舌头的疯狂搅动而升华，而这种仅仅才触及我们情色饥渴边缘的举动便让我们向往把这种撕咬和吞食进行到底！与此同时，我还啃着那张嘴，那张嘴里的血与我嘴里的血混合在一起。在深不见底的热吻中我失去了自我、湮灭了自我，它犹如在我精神层面之下刚刚打开的一个令人眩晕的深渊，我本来就一直想把自己的所有罪孽都投入里面，而且我觉得连我自己也要掉到里面去了。

我拽着加拉的头发把她的头向后仰，完全歇斯底里地命令道：

"现在告诉我，你要我为你做什么！你看着我的眼睛，用最粗鲁、最下流，下流到让我们两人都感到最难为情的语言慢慢告诉我！"

我已经呼吸不畅，不时睁开眼睛，准备吸吮她所有的细小表白，以便听得更清楚，更好地体味我极度渴望的感觉。于是，加拉以人类最能具有的最美丽的表情准备向我和盘托出了，她让我明白，她永远不会原谅我。我的色欲激情已经达到了疯癫的极限，知道自己还有恰当的时间，于是我以更暴虐更蓄意的声调重复道：

"你要我为你做什么！"

加拉的最后一丝快乐表情演变成她固执己见的严厉光芒，回答道：

"我想让你撕碎我！"

任何解释都无法改变这个回答的意义，她说的是实话。

"你会这样做吗？"她问道。

看到她送给我的竟是"我自己的秘密"，而不是我所期望的热烈情欲的要求，我相当惊讶和沮丧，陷入了难以言表的慌乱旋涡，迟迟没有回答她。

"你会这样做吗?"我听她又重复道。

她的语调中已经透露出怀疑的轻蔑。我被骄傲所驱使，重新控制住了自己的情绪。我猛然感到一种恐惧，害怕这会破坏加拉在此之前的想法，相信我暗存着某种道德价值和疯癫。我又用胳膊搂住她，用我最大可能的严肃态度回答说：

"会的!"

我又在她的嘴上生硬地吻起来，心底却重复道："不，我不会杀死她!"

我对加拉的第二个吻，这犹大的一吻瞬时完成了挽救她生命和复苏我灵魂的仪式。

从马拉加的那些日子起，我就成了加拉的学生，她向我揭示了快乐的原则，还给我讲了各种事物的实质原则;她教我如何穿戴，如何下楼梯而不至于摔倒三十六次，如何不至于连续把我们的钱丢了，如何在吃饭时不要把鸡骨头扔到天花板上，如何识别我的对手。她还教我智慧打盹的"节制原则"。她是均衡的天使，是我古典主义的先行者。我不但没有丧失个性，而且还摆脱了我那由来已久而又难以戒除的毛病和敲击的怪癖。我感到变成了自身的主人，而且越来越意识到自己行为的激烈之处。如果说我怪异行为的鸡骨头还在东道主的天花板上飞舞，它们肯定不是自己飞过去的，也不知道为什么会飞出去。相反，那是我以自己的手作投掷器把它们扔出去的。我不仅没有像生活为我安排的那样让我变得坚强，反而是加拉以她强烈的忘我精神，用她具有石化作用的唾液为我建造了一个贝壳，以保护我这个寄居虾般的柔软赤裸躯体。这样一来，在与外界联系的时候，我的外观越来越像一个城堡;而在里面，我则渐渐衰老，变得超级柔软。于是，在我决定画钟表的时候,我就画出了柔软的钟表。

　　她是一个罕见的生命,她是一个超级明星,无论拉·加拉斯还是格丽达·嘉宝都不能与她相比。人们可以经常看到她们,而加拉是一个不可见的存在,是一个最典型的不好表现的人。在萨尔瓦多·达利家中有两位首相:一位是我的妻子加拉;另一位是萨尔瓦多·达利。萨尔瓦多·达利和加拉是两个独特的生命,他们是天赐予我的疯狂的最精确的调整和激励。

　　这幅《加拉丽娜》从1944年开始画,用了六个月时间才完成。为了完成这幅肖像,我每天工作三小时。我把这幅画命名为"加拉丽娜",因为加拉对于我,正如拉弗奈丽娜之于拉斐尔。在这里,没有经过任何事先计划,面包又一次出现了。准确敏锐的分析揭示了加拉环抱着的双臂与装面包的篮子极为相似。她的乳房看上去简直就是面包皮。我曾经在她肩膀上画了两块烤肉排,以表达我贪婪地想吞吃她的愿望。那正是我想象生肉的时刻。现在,加拉已升任为我的身份高贵的纹章官,她已经成了我的篮子里的面包。

——《达利自传》《达利谈话录》

8. 我被父亲扫地出门

　　自从被扫地出门之后,我从家里得到的只有纠缠,父亲不让我住在里加特港,因为他认为我住得这么近,对他来说是羞辱。从那时起,我就尽力保持着我头顶那个威廉·退尔的苹果的平衡——那苹果是同类相食者急切矛盾心理的象征,它或迟或早都会受到父辈复仇之弓隔代礼教怒火的攻击,那弓会射出赎罪祭祀的终极之箭。这是父辈牺牲儿子的永恒主题:萨图恩亲口吞食自己的子女;上帝牺牲基督;亚伯拉罕献出以撒;好人古斯曼把自己的匕首借给别人用以杀死自己的儿子;威廉·退尔则把箭瞄准了顶在他儿子头上的苹果。

在里加特港安居下来之后,我画了一幅加拉的像,在她的双肩上各画了一块生肋条肉。正如我后来才知道的,这意味着我本来决定吃掉的不是她,而是那两块生肋条肉。实际上,那两块肋条肉是未遂祭祀的赎罪祭品——正如亚伯拉罕的种羊和威廉·退尔的苹果一样。种羊和苹果,如同萨图恩的子女和钉在十字架上的耶稣基督一样,都是生的。这才符合同类相食原则的本质特性。以同样的方式我画了一幅自己的肖像,大约是八岁上下,头上顶着一块生肋条肉。我试图以此引诱父亲来吃我头上的肋条肉,而不是吃我本人。这个时期,我对食物的需求异乎寻常的强烈,我什么都想吃,甚至设想用做老了的鸡蛋制作一张巨大的餐桌,这样就可以连桌子都吃下去。

用做老了的鸡蛋制成桌子是完全可行的, 下面我可以提供配方给愿意尝试的人:首先要用赛璐珞做一个餐桌(最好是路易十四世式的餐桌)模具,就用它进行模制。不过不是往模具里倒石膏,而是倒所需数量的蛋清,之后将它整个放入注满热水的浴缸,当蛋清开始变老时,用管子把蛋黄注入蛋清糊里,一旦蛋黄和蛋清变硬之后,便可以拆掉赛璐珞模具, 敷上一层蛋壳粉末和树脂或用黏性物质调和而成的保护层。最后,用浮石粉对表面进行打磨抛光,使之露出蛋壳来。用这同一种方法可以制作真人大小的"米洛的维纳斯",当然,也可以纯粹用老鸡蛋来制作。你们可以打碎煮熟的蛋壳,见到煮熟的蛋清,那真是用蛋清做的。这样,你们想象一下这个老鸡蛋维纳斯可以在一个经受"戒欲"的醒醐之人身上激起多么愉悦的邪恶热望。为了能够达到高潮,在经过漫长一天的等待之后,这个人用一个银质蓝色小勺掏挖维纳斯的一个乳房,发现了里面的蛋黄,在夕阳照射之下,蛋黄呈现出黄色与红色,太销魂了!

那个夏天我总是感到口渴难忍。我相信,我在巴黎为了战胜我可能再次出现的怯懦被迫喝下的烈酒, 在不同程度上造成了我胃中那种刺激性快感，我觉得一种阿拉伯式的干渴从我北非祖传旧习的脏腑深处升腾，这是一种骑马来开化西班牙的饥渴，它还立即创造了遮阳伞和喷泉。当我闭上眼睛倾听自己体内的声响时，仿佛在我皮肤灼热的沙漠上能够感受到格拉纳达整个阿尔罕布拉宫的窸窣声，那声音就在我胃的庭院中心回响，庭院里种植着柏树，而我的胃也被药物的灰浆和铋所粉刷，为此我只能拆除掉它的墙壁和隔断。

——《达利自传》

9. 加入超现实主义绘画团体

当超现实主义者们第一次在加达凯斯我父亲的屋子里看到我刚刚完成的一幅被艾吕雅称之为"忧郁的游戏"的画时，他们对画上的粪便和肛门等细节非常反感。加拉当时也激烈地批评我的这一作品。我立即反驳她的看法，可是从此之后就学会服从于她了。那时，我正打算参加超现实主义者的团体，刚刚认真深入地分析了他们的思想和口号。我这才明白，他们是想自发地再现构思，而不同自己发生任何理智、审美和道德方面的关系。现在，当我还未来得及带着自己最良好的意愿加入这个团体时，他们却向我施加暴力，如同我的家庭对我施加的一样。

加拉首先警告我，我置身于超现实主义者当中会被他们的种种禁忌所折磨，如同在家里一样；实际上，这是一些平庸的布尔乔亚。她预言说，毫无例外地同所有的艺术流派保持同等距离，才能保持我的力量。她以当时仍然超过我的直觉补充说，我独特的偏执分析批评方法会使这一团体的所有成员招架不住，最终会使他们脱离出去建立自己的流派。可是我当时听不进加拉的话。我断然拒绝把超现实主义仅仅看成是一个文学艺术团体。我认为，他们能够把人从"理性的现实世界"中解放出来。作为一个富于幻想的理性主义者，我知道自己想干什么。我迷醉于非理性世界并不是为了追求理性本身，也不是为了模仿其余的一切，像那耳喀索斯一样迷恋自己的影子或者捕捉肉体的感受。不，我的目的是在别处：我将发动攻击并且"战胜非理性"。当时，我的朋友们如同包括尼采在内的其他许多人一样，听任浪漫主义癖好的摆布，让它把自己引向非理性世界。

晚上加拉对我的作品欣喜若狂，我去睡觉时感到非常幸福。我们幻想的现实生活的幸福图景。啊，可爱的9月，这些奇妙的油画使我变得更美好了。谢谢，加拉！还是亏了你，我才成了画家。若是没有你，我绝不会相信自己的天赋！把你的手给我！的确，我爱你一天比一天爱得更强烈，更火热……

我没有像其他人一样离婚，而是重新同我的妻子结婚，不过，这次是在罗马天主教的怀抱里，当法国的头号诗人同时又是加拉的第一个丈夫刚刚以自己的逝世提供了这一可能之时。我的秘密结婚是在圣母与天使修道院缔结的，它使我想起那些超越了一切能力界限的狂热激情。直到现在我才明白，我对于隆重仪式、礼节以及神圣事物充满难以满足的欲求，而这种欲求的宝贵琼浆世界上没有任何容器能装得下。

在我第二次结婚一刻钟之后，我的全部身心都被一种新的奇怪想法控制住了：难以克制地想再次同加拉结婚的愿望强烈得活像钻心的牙痛一样。当我在暮色中回到里加特港时，海上正在涨潮，我发现主教坐在海边（我一生中常常碰见主教们处于这一状态）。我吻了吻他的戒指，当他对我说了下面一通话之后我又吻了他，表示双倍的感谢。他说，若是按科普特人的方式举行婚礼，我的第二次结婚也可以再来一次，因为这是世界上持续时间最久、内容最复杂、也最折磨人的婚礼。他说，这不会为神圣的天主教秘仪增加什么新东西，但也不会使它失去什么。"这对你恰恰最合适，达利，对你这个狄俄斯库里!"

　　这就是为什么在人生的这一时刻我必须发明一个盛大的达利式节日。而我总有一天要庆祝自己的这个盛大节日。

　　我住的学生公寓分成许多团体和团体分支。其中一个团体是艺术文学先锋派,这是个不满社会现实、言辞过分激烈的革命团体,从这个团体里已经散发出战后时期灾难性的有害气息。这个团体刚刚继承了一个狭隘、消极和荒谬的传统,这个传统来源于一个"极端主义"文学家和画家团体,这是那些本土"主义"中的一种,产生于由欧洲先锋派运动盲目的冲动,而且多少与达达主义分子有关。在人们应该了解的所有年轻人里,只有两个人注定能够达到精神境界的顶峰——加西亚·洛尔卡,他表现在后贡戈拉诗歌修辞的生物学、刚烈和华丽等实质方面;还有欧亨尼奥·蒙特斯,他是在灵魂的阶梯和智慧的盘石版赞美诗方面表现非凡。他们俩前者是格拉纳达人,后者是圣地亚哥德孔波斯特拉人。

　　一天,我出去了,服务员没有把我房间的门关上,佩平·贝略从门前经过时看到了我的两幅立体主义画作,他立即把这个发现告诉了那个团体里的人。那些人只是见我面熟,还曾把我当成他们讥讽调侃的目标。他们称我是"音乐家"或"艺术家",或者"波兰人"。我的反欧式穿戴令他们反感,把我看成是一个浪漫但更粗俗或者差不多是多汗毛的废物。我严肃和学究式的外表完全不具备幽默感,使得我在这些讥讽的眼光看来是个可悲的人,是个因智力发育不全而有缺陷的人,充其量是个古怪的人。实际上,没有任何东西能够让他们的英式三件套和高尔夫装与我的天鹅绒上装和飘拂的围巾形成如此强烈反差的了。没有任何东西能比我的长发更引人注目,长发垂到我的肩上,而他们考究的头发都是由里茨或王宫的理发师定期修剪的。特别是在我认识那个团体的时候,他们所有人都带着纨绔习气并且恬不知耻，这点表现得粗俗至极。最初这让我惊慌，每次他们到我的房间来找我的时候，我都觉得自己要晕过去了。

他们成群地来看我的画，而且总是带着他们已经根深蒂固的假充的高雅，非常夸张的赞美，不着边际的惊奇。最后他们才知道我是立体主义画家！他们坦率承认以前对我的看法，要与我无条件交友。我却不那么大方，与他们保持着清醒的距离。我暗自思量，我能从他们那里得到什么有益的东西，而且他们是否有什么切实的东西可以给我。

他们全神贯注地照搬我的想法，仅一个星期，我的思维的主导地位就开始感觉到了。只要这个团体的人在一起，谈话中就不时可以听到"达利说……""达利回答说……""达利想……""达利怎么看？""像是达利的东西""是达利式……""达利应该看过……""达利应该做过……"达利这，达利那，什么都是达利。

尽管我立即发现我的新朋友们可以从我这里得到一切，可是却不能给我任何东西——因为他们实际上一无所有，而我却有比他们多两倍、三倍、上百倍的东西；可在另外一方面，费德里科·洛尔卡的人品却对我产生了巨大的影响。他整体"活生生"的诗人才气猛然间在我面前呈现了一种有血有肉、含糊不清、注入了血液般的浓郁而高尚的形象，它像上千个爆炸物和地下生物火花在颤动，仿佛所有材料都具有其自身形式的独特之处。我做出了反应，并且立即采取了对抗"诗歌宇宙"的严谨态度。所有不能确定的东西，所有"轮廓"或"规律"都无法建立的东西，所有不可能"吃"的东西（这是我当时最喜欢的表达方式）我绝对不说。当我感到伟大的费德里科的诗歌具有煽动性和感染力的火焰在升腾，它的火苗疯狂而又旺盛，我就企图用我早衰的反浮士德橄榄枝去扑灭它。此时我已经准备了乏味的先验性烤架，天亮之后，只剩下洛尔卡原始的通红火炭时，我来此架起烤架，烧烤我思想的蘑菇、排骨和沙丁鱼（就像我所知道的，它们注定在某天要被我食用——在其恰到火候、热气腾腾之时,它们就放在你们现在正读着这本书的白色桌布上),以解除我们时代几百年来的精神、想象、道德和思想饥饿。

我们的团体逐渐具有了越来越反智力的色彩,因此我们与各界知识分子多有交往,还出入于马德里咖啡馆,西班牙全部艺术、文学和政治未来都开始在咖啡馆里受到强烈沸油味道的烹饪。加油橄榄的双份苦艾酒为这种日趋繁荣的战后混乱的形成做出了慷慨奉献,为之增添了一剂掩饰不善的伤感情绪,而它又成为英雄主义、居心不良、粗鲁雅致等捉摸不定变化的最有利因素,而所有这些又都与反爱国主义交织在一起。在所有这些混杂中,一种植根于资产阶级思维的仇恨在增长和发展,它注定要繁荣,在无限制信贷的支持下,每天都开设新的分支机构,直至当时还遥远的国内战争轰然爆发的那一天。

我与我的团体在一家名叫"意大利人"的意大利餐厅会合。我在那儿喝了两杯加蛤蜊的苦艾酒,随后我们坐到了事先预定的桌旁。我给侍者小费的事情已经在餐厅里迅速传开了。我们到那里时,所有侍者都看着我们过来,并且密切注视我们。我清楚地记得我第一天在那个餐厅点的菜:凉菜拼盘、马德里果冻、油炸短通心粉和一只雏鸽。所有这些都佐以真正的勤地红酒。咖啡和白兰地酒又成了我们谈论主要话题的新兴奋剂,而这个主要话题就是我们喝苦艾酒时的最初话题,又在吃饭的过程中得到了发展,这个话题当然就是"无政府主义"。

我们那次吃饭大约有十二个人,大家都是这个团体的。不过已经可以看到,大部分人都模糊地倾向于自由社会主义类的东西,它某一天会成为极左思想的丰富养料。我的立场是,幸福或不幸是一种超级个人的事情,与社会结构、生活水平或人民的政治权利毫无关系。人们应该做的,就是通过完全系统的无组织化增加集体危险意识和不安全感，以彰显痛苦的可能性，而按照心理分析，这才是构成快乐原则本身的条件。如果有谁要为幸福担忧，那就是宗教！统治者应该局限于以其最高权威行使其权力，而人民应该推翻统治者或者服从于统治者。从这种行动和反行动中应该出现一种精神形式或结构，而非一个合理、机械和官僚的组织，这种组织只能直接导向非个性化和平庸。不过，我补充道，也有一种可能性，那是乌托邦式但诱人的可能性：一个无政府主义的专制国王。不管怎样说，巴伐利亚的路易二世并不那么坏！

早在1929年，我就反对由战后艺术爱好者们的焦虑所引发的"整体革命"。同时，我将比他们中任何一个人都以更强烈的热情投入疯狂和富有颠覆性的思考中，并秉持我怀疑论的半意识，马基雅弗利政治原则新历史水平的结构基础——永恒传统的水平，而这只是为了看到革命心脏内部所酝酿的东西。

我认为，超现实主义团体是唯一可以为我的活动提供适当出路的组织。它的首领安德烈·勃勒东在领导方面是不可替代的。我就要投身于夺取权力了，不过，为此我的影响必须处于隐秘、善于利用机会和似是而非的状态。我对我的阵地、堡垒和不足进行了仔细清查，对朋友们的弱点和家底儿也做了清查，因为他们是我的朋友。一句箴言成了我处事的精神原则：如果你决定为你个性的全部胜利而发动战争，你应该首先开始毫不留情地破坏与你最为亲近的东西。所有联盟都会使你失去个性，所有趋于集体性的东西就是你的灭亡，不过，你可以以一个集体做实验，将其狠命一击，而后保持独立！

我继续和加拉在一起，我的心上人让我变得出类拔萃和目空一切。不过，我突然觉得这场思想意识斗争尚不成熟，本来我的军队的不停运动已经充斥我的头脑，我的哲学头领热情地命令军队应该保护我的头脑全部边境不受到外来的侵略。

——《达利的秘密生活　一个天才的日记》《达利自传》

10. 超现实主义团体开除了我

我最终像海洋一样吸收了当时超现实主义者发表的东西，以及萨特和洛特雷亚蒙的著作，加入了这一团体，满怀着耶稣所特具的良好意愿，同时一刻也没有放弃尽快当上这一团体首脑的想法。如果我对我的亲生父亲都不感到良心谴责，我凭什么要对我新选的父亲布勒东感到天主教般的良心谴责呢？

我就是这样接受了超现实主义，把它看作是正路货，连同它的忠实信徒们用来装饰其激烈小册子的脓血和粪便。我当年在阅读父亲的书时也是这样。我当时是想成为模范的无神论者，而现在则是深入而透彻地掌握超现实主义基础知识，很快就成了一个彻底的"真正的超现实主义者"。弄到最后，我之所以被这个团体开除，就因为我是一个太过于热心的超现实主义者。他们用来开除我的理由，如同把我赶出家门的理由一模一样。在这个问题上，"昂首前进"的加拉·格拉迪瓦"无可指责的直觉"又显示了她的正确性。现在我可以告诉你们，我的所有信念当中只有这两点是不能乱加解释的：其一，我自1949年以来所产生的对于上帝的信仰；第二，我毫不动摇地坚信，在涉及我未来的一切问题上加拉都是正确的。

布勒东打开我的绘画时，因为其中对于粪便细节的刻画而大为恼火。这使我感到惊奇。我初次尝试那玩意儿的状况，后来或许可以从心理分析的角度看作是金雨将临的吉兆，而这金雨将有一天会降到我头上。我企图说服超现实主义者们：所有这些粪便细节有利于推动我们的画派，可是未能成功。我呼吁借助各个时代各个民族的可食物品画像：会下金蛋的母鸡，排泄出金驴来的达那厄的奇怪小肠，可谁也不信我的。于是我便做出了决定。既然他们不愿要我慷慨奉献给他们的玩意儿，那他们可不能责怪我：这些金砂就通通归我一个人所有了。二十年后布勒东著名的字母组合"美元迷"此时已见端倪了。

在超现实主义者的怀抱中才待了一个星期，我就明白加拉是多么英明。他们对我的粪便题材表示了极大的克制，然而同时又宣布其他题材为非法，禁止我画。我还不费力就弄清楚这里的禁忌同我在家中所受的禁忌一模一样。准许我画血。在这之外我还可以随意加些大便。可在大便之外我就什么也无权增加了。我可以画生殖器官，但却不能画任何肛门的幻影。他们对任何屁股都看不惯。他们对女同性恋者习以为常，而对男同性恋者却绝不容忍。他们允许观看施虐淫、伞和缝纫机，不加任何限制；可是对于宗教题材，即便是神秘性的，也绝对禁止，除非是公开渎神者，而对于拉斐尔的圣母憧憬则连提都不能提，因为这毫无亵渎神明可言……

如前所述，我成了个百分之百超现实主义而非超现实主义者，并且极其真诚，善意地想把自己的实验进行到底，达到使人不能容忍的、难以想象的极端。我感到自己正准备以充满偏执狂的地中海虚伪态度行事，而这种态度的卑劣或许只有我一个人才能达到。当时对我来说，最重要的是尽可能多地作恶，尽管我已完全迷醉于关于施洗约翰的史诗，我是通过加西亚·洛克热情洋溢的朗诵才知道这些史诗的。不过，此时我即已预感到，总有一天我会解决自己的宗教问题。如同纵情声色而又祈祷上帝赐予他信仰的圣奥古斯汀一样，我呼唤天庭，但又补充说："但不是现在。我们还得再等一下……"当我的生活发生变化，即变成今天这样的清心寡欲、道德高尚的榜样之前，我曾长期附着于虚幻的超现实主义，企图吸取它多姿多彩的恶习，犹如入睡者枉然地企图抓住即将消逝的美梦，哪怕只有一瞬间。尼采式的狄俄倪索斯寸步不离地紧跟着我，如同富有耐心的保姆，直到我发现她头上长出发髻，衣袖上出现四角折回的十字臂章，如同"卐"字一样。这就是说，这整段历史最终都要以"卐"字来结束——恕我如此表达！或者不过是变形，犹如周围的许多东西都在悄悄地变形和发臭一样。

　　我从不禁止我卓有成效的灵活想象运用各种最严格的科学手段。这不会使我自己天生的激情和奇思怪想变得严肃。因此，即使是置身超现实主义团体的怀抱中，我也能每天让我的激情吸收同传统的"超现实主义趣味"相对立的一种思想或形象。其实，无论我干什么都不合他们的口味。你们知道，他们不喜欢屁股！而我却挖空心思向他们提供了一大堆经过乔装打扮的屁股，背信弃义地居然想同马基雅维利的艺术媲美。若是我偶尔构思了某种超现实主义物体，而且看不出任何这类幻想，但其象征功能仍然与肛门的作用和原则完全一致。我就是这样让我著名的偏执狂批评分析方法的活跃思想同纯粹被动的机械性相对立。对于马蒂斯和抽象主义流派仍然没有热情，我仍旧更喜欢梅索尼埃强度和震撼力都很大的技术。我极力用原生的自然物体阻断道路，我开始让时髦风格的超文明物品进入生活。我同狄奥尔一起收藏这类物品，深信终究有一天它们将会同所谓的"纽约流派"成为时髦。

　　　　　　　　　　　　——《达利的秘密生活 一个天才的日记》

11. 去美国生活

　　我持续感到一种要与"鲜肉"建立联系的愿望，也就是要与一个新兴国家——尚未被战后欧洲乱局所染指的国家建立联系。它就是美国！我想到那里去，看看那里究竟是个什么样子，我要把自己的面包带去并置放在那里，然后对美国人说："看看吧，这是什么意思？"

　　我刚刚收到几份来自朱利安·列维在纽约举办一个小画展的剪报，今年夏天，他利用"软表"和我借给他的另外一些画办了个小画展。尽管画展没有卖出多少画，但办得很成功。我让人翻译出来的几篇文章表明，他们对我的意图和我的情况的理解要比在欧洲出现的大部分有关我作品的评论文章要客观上百倍，并且对此进行了最明确的表述。欧洲的撰稿人总是以他们栏目中的"制造兴趣"原则来评论我的作品。的确，在巴黎每个人都以自己知识兴趣的美学观点对事物进行评判。

美国则是另一番景象。我们那类美学内战仅仅以一种纯粹报道的方式波及那个国家，往往在我们那里产生悲剧性反响的事情，在美国却只被当成消遣。立体主义从来没有产生实质性影响，在美国它只被理所当然地看作是一种应当被适度列入官方历史档案的必备尝试。美国不参与其中，而是远离争论，他们没有什么可获取或失去或为之而战的，他们可以不受欧洲的影响，无意识地看着在欧洲所发生的事情中能够给他们留下更深印象的事情。而能够给他们留下更深印象的就是我，我比任何人都更偏激、暴烈、专横、谵妄和狂热。欧洲人认为美国没有诗意和智力上的感知能力，那就错了。很显然，他们并不是传统上就有避免犯错误的能力，也不是由于他们持续加强的"味觉"才如此。不，美国不会以一种他们不曾有过经历的返祖式谨慎去选择，不会以他们并不具有的颓废头脑的细致思考去选择，更不会以他们心中洋溢的热情去选择，它太年轻了……

我对美国业已开始形成的观念经过同纽约现代博物馆馆长阿尔弗雷德·巴尔一次私人会面后产生的印象得到了进一步证实。我是在诺埃尔子爵府的一次聚餐中认识他的。他是一个面色苍白颇显病态的年轻人，神情严肃、面部线条僵直，如同正在啄食的鸟一般——实际上，他正在啄食当代的价值，让人觉得他有一种只吃饱满的谷粒而不吃秕谷的本领。他有关现代艺术的消息相当广泛，相对于我们很多还没有听说过毕加索的现代博物馆的馆长们，阿尔弗雷德·巴尔的学问堪称博大精深了。巴尔的夫人讲法语，她预言说，如果我在美国，会有一个光辉灿烂的未来，并鼓励我去美国。

——《达利自传》

二、大怪物达利

1.神圣达利

"达利"这个名字是当代一个最伟大的西班牙作家授予的。他说我应当被比作雷门德·拉尔。他还说我是拉尔再世。现在谁都知道拉尔是先知和天生的学者。后一个称呼太复杂,他们最后称我为圣人。

他们都是用得着我的人,因为显然我能使他们"嫁给"大人物,或者让他们当上电影明星,最起码我可以同他们一道拍张照片。他们都是拼命往上爬的人,法国人管这种人叫野心家。

我是个大蠢猪,猪这个象征是完美的,查理五世本人就用猪代替所有的完美的象征。这猪使他成就不凡,如同耶稣会士般狡猾,但这猪在我们这个时代一直在干蠢事。我把赌注压在达利主义者身上,于是皆大欢喜,事事如意。事实上,这些往上爬的人都是最善于想象的。

我特别吝啬。我从他们那儿得到的要比他们从我这儿得到的多,他们总是给我,我从他们那儿获益匪浅,所以双方都满意。

在最近的前卫派的爆发中,画家们在观念上已经向我靠拢,他们不再喜欢塞尚的山景和苹果了。我认为,即使在超现实主义时代,最伟大的画家仍应是梅索里埃而不是塞尚。当奥古斯汀·孔德确立实证主义宗教时,我始终受他的著作影响。他认为我们不可能建立一个没有银行家的世界。我本人确信,要保持我个性的绝对自由就必须拥有巨大财富。我坚持要拥有这些钱,是因为我也许不得不用它们来让我这头蠢猪获得冬眠。我是头蠢猪,同时也是个杰出的人:佛朗哥将军把能赠给活着的艺术家的最高荣誉——天主教的伊莎贝拉十字勋章赠给了我。

我怎能嘲笑自己呢?我认真地开过玩笑吗?我说过非凡的真理吗?玩笑能变成真理吗?真理不是极其幼稚吗?我的荒唐有可能很实在,而最深奥的实在有可能纯粹在骗人。

从人的角度讲,我认为没有人能同我一样,没有人能像我说出一切的朋友,因为没人能同"神圣达利"一样。

我没厌烦过成名。我经常看到像布丽日特·巴多那样有声望的人形成模糊的自杀念头是由于他们的巨大成就,但我没有过。像钱,如果有人带来一座金山,我会毫不畏缩地接受,我同样会轻易地接受声望,我不总是像我应有的那样出名。去年圣诞节我收到一个小铃铛。我在纽约街头散步,感到人们没有把足够的注意力放在"神圣达利"身上时,我就摇铃。显然我不能容忍有人没认出我来。

我三岁时想成为一名厨师,五岁时想成为拿破仑。我的野心已经形成。现在我的野心是成为萨尔瓦多·达利而不是别的。顺便提一句,这很困难,因为我越接近萨尔瓦多·达利他就离我越远。

我所有的绘画,一件也不会烧。只有炸弹才会毁掉我的油画。我给你讲一件轶事:曾经有人问柯克特,如果普拉多着火他救什么。我完全清楚他会说什么,因为他以前说过好几次。事实上他是从一位希腊作家那里借用一句话说:"如果普拉多正燃烧,我会抢救火焰。"柯克特眼里流露出恶意的神情,望了我一眼,似乎在说:"达利能想出一个更有创造性的回答吗?"他好像显得很自在。接着他们问达利,达利以一种常有的上等人的口气回答说:"我不抢救火焰,我将救空气。"

我认为空气的因素在绘画中是最具有独特性的，特别表现在委拉斯凯兹的《老疱人》一画中。我必须救空气，而不是火。

如果不让我留胡髭，我不会感到痛苦。因为达利喜爱严惩超过世界的任何东西，甚至这种严惩是直接针对达利的，是特别用来针对达利的！这儿最令我不安的是自由！年轻时，每当我要做出选择时，我便感到非常忧虑：我从不知道我是否该写首诗、画张画以及要画什么样的画；我不知道我是否该看场电影或是去别的什么地方，这时我既惊奇又畏惧。由于我的政治活动，我突然被普瑞莫勒将军投进监狱——事实上是由于我父亲的政治观点。我在牢房时用一种特殊的方法学会了享受生活。毫无疑问，看电影是最好的选择。我被迫屈服于自己的命运。我回忆起他们给我吃的罐装小沙丁鱼。我的乐趣是异常的：一点点油、一点点面包、总是同样的沙丁鱼，如果我不是待在监狱，我会厌恶这些东西的。严惩总是强迫那些道德上伪装得很好的人，从他们的感受和思想中得到最多的东西，严惩无疑是一种恩惠。作为严惩措施之一是不许任何画家描绘生殖器的，那么画家面对这种禁令只得在油画上描绘各种装饰物来掩盖生殖器，这种装饰物什么样的东西都有——我这样狡猾的人只在惩罚的范围内成长。他被迫不做放荡的事情，他强迫自己进入所存在的最难以摆脱的、最获益的处境。如果你不准达利在公开场合留小胡子，他将设法从臀部到耳朵甚至全身都长出小胡子，那将是虚伪的小胡子的宏伟顶峰。

他们了解我多少对他们的夸张和突然发作负有责任。我们不知不觉地在神秘主义中拜会。今晚我要去圣维因附近的乞丐施汤场，它肯定是中世纪式的。

我喜欢对我毫无了解的人对我说："喂，达利。"我根本不在乎他们把我看作画家、电视明星还是作家。即使达利神话不被人了解，或是完全错误的，重要的是达利神话还在流行。我是个谁也搞不清楚的重要人物,这助长和增强了我全部的干酪般的个性。

我大便时注意力也不能集中,只要是在大便,我就完全不能排除我大脑中的各种想法。"神圣达利"大便时会发现难以置信的东西。就在这儿,在默尔瑞斯饭店,我曾要他们把盖在阿方斯八世国王厕所上的木座拿来给我。我知道那个木座上有铭文,我把铭文解释为宇宙进化论的奥秘。他们为我找来一个旧塑料座,太难看了。当发现这是赝品时,我找来了经理。我向他说明我是个君主主义者,而你们不愿给我国王的木座。经理向我道歉,解释说我要的那个木座在一家旧货店,很难找到。我要他做这不可能做到的事——找到木座。真不可思议,几个小时后我正和康特斯一道喝茶,有人敲门,一个身穿工作服的工人得意地走进来,带给我那个厕所木座。我心里对这个木座非常清楚,我戴上眼镜检查木座,愤怒地大嚷:"这不是我要的那个木座!"他们为了不让事情声张出去,又给我拿来一个木座。所以我用一个木座的钱买来两个。

我把它们装饰在我在卡德奎兹的家里。在我们的谈话中,这件小事似乎有点偶然性,但它正改变其实质。你会看到每件东西都把自己安排得井然有序,而且有特殊的逻辑性。他们送来这两个木座时,一个控制论发明家正好来我这儿,我把他向我解释的理论和刚刚发生的那件小事做了精神方面的综合,结果我写了篇文章,揭示了每一种国际商用机器就是一次消化、内部作用和疏通大便的过程。这种机器通过嘴接受食物,食物一旦消化,大便就会排出。但这一系列误解并未结束。我以为我正在同一个控制论发明家说话,但有人告诉我实际上那人不是我认为的那个科学家,他是那个科学家的同行托马斯·比彻姆先生,是英国伟大的管理学家。他有一次碰巧靠卖胃痛汤剂挣了数百万美元。这又是一次令人振奋和刺激的物质机会的碰撞。

世界上最重要的是加拉和达利。

然后是达利一个人。

摆在第三位的才是其他一切人，这当中自然也包括我们俩。

我与拉封丹寓言《牧人和狼》的主角截然相反。我从少年时代开始就不得不制造种种轰动性的事件。而现在，我的弥撒斗牛赛中将有许多勇敢的神父在牛鼻子面前跳舞，表演结束后将由直升机把他们接到天上去——除了我之外，所有的人都将对此深信不疑。而最令人惊奇的是，早晚有一天，我的构思一定会变成现实。

我一再要自己牢记（不过，从另一个角度来看，如果我不向自己提醒这一点，我看不到谁会心甘情愿、无缘无故地承担起这一使命），从少年时代开始我就产生了一种病态的信念：我之所以允许自己为所欲为，乃是源于一个唯一的原因——我叫萨尔瓦多·达利。从那以来，我一直如此行事，并且取得了极大的成功。

每天早上醒来时我都感到极大地幸福，可是直到今天我才弄明白：这是萨尔瓦多·达利的幸福。于是我非常高兴地给自己提出一个问题：现在还能用什么奇迹来震惊世界，这个萨尔瓦多·达利？每一个新的日子我都越来越难以想象：身为加拉和萨尔瓦多·达利的幸福，既然没有落到其他人身上，那他们怎能活下去？

——《达利谈话录》《达利的秘密生活 一个天才的日记》

2. 达利的"魔力"

绘画是我最不重要的一个方面，重要的应是我天赋的壮丽结构。绘画只是我天赋中微不足道的一部分，如你所知，我用珠宝、花圃、性欲和神秘主义来表达自己。

我已把绘画的作用同简单的彩色图片以及具体的、非理性的、特别细致的形象创作结合起来。我假想自己是个很好的画家，我相信在绘画的王国里，我没什么作品能传下去。谦虚不是我的确切特征。就绘画本身来说，在到巴黎之前，我唯一的奢望就是达到视觉的真实。我总是赞扬彩色摄影，我总是赞赏安德烈·布雷东所阐释的那种极度倒退的态度。我总是在声明，现在仍然要声明，超现实主义观念只有用传统方式充分描绘出来才会成功。

我不是小丑，不是小丑，名号早就定了：我就是那个"神圣达利"。你知道小丑和赫耳墨斯是同义词。赫耳墨斯显灵，墨丘利居间帮忙，让我成了个小丑，并且让我最终成为一个滑稽角色。

人们也说我是个反动派。我的第一课是在马德里皇家艺术学院这所既好又普通的学校上的。那时我有一个会修改学生绘画的教授，他戴着高帽子和白手套。那教授有着照相机般的眼睛，一双如超级照相机的眼睛。

我已让所有的人戴上了绿帽子，特别是停留在初期超现实主义绘画阶段的那些人。从艺术观点来看，只有我晚期的绘画才具有雄伟的野心，只有在这些绘画中，我才做到了把所有的东西融合在一起。今年夏天，我遇到一些波普画家和光效应画家。我在近年来的绘画中就融入了这两种艺术形式中所有的新东西。同时，我已描绘出了米勒的《晚钟》。从现在起，我要不停地画、反复地画米勒的《晚钟》。

绘画只是表达我整个天赋的一种工具。当我写作、生活，当我以种种方式展示我的魔力之际都有这样的天赋。打个比方，假如就在此时，一位我不认识的年轻女士走进来，她要询问一些关于电视采访的问题，她坐在我们旁边。她的膝盖极其漂亮，这膝盖就是我的魔力的出发点，以后我将用她的膝盖作为我绘画的某种素材，这画是极其不凡的作品，其基础就是她的双膝和脸，这绝对会成功。那是我的天赋！因为变形之中拥有一切。我相信我们正在合作出一本书，她相信她正把我拉向电视摄像机前……这个世界自始至终是个乌龟。就我的个性而言,重要的是每时每刻描绘我的存在。就在这一瞬间,宇宙的中心魔术般地落在这位碰巧进来的年轻女士的双膝上。

一幅画与我释放的魔力相比是非常渺小的。从绘画上来看,它们不值一提,它们画得很糟糕。我的意思是"神圣达利"现在还没有能力模仿出布格罗或梅索里埃的一件普普通通的油画作品,他们两人画得要比我好一倍。当然,我画得比毕加索好,他甚至连色彩都不知道怎样用。我是知道怎样画得简省的画家之一,如果你把我与任何一个古典画家相比较,那我绝对是一个无足轻重的人。

只有一件东西:佩皮尼昂火车站中我的彩饰画。通过添加抛物线状小飞蝇的眼睛,我头一次发现了继续发展绘画史的可能性。我们终将用机械得到三维空间,这空间将制造出浮现于画布之上或令人恍若置身其中的种种形象。在委拉斯开兹和维米尔之后,我们确信不会再在精神幻觉方面获得进展。我们早已达到最大的限度。今天,我仍能使形象若隐若现于宇宙之中,即使它们并不真正存在于空间。这种过程将使艺术家描绘客观现实的兴趣再次复兴……在种种的画集画册之中,神奇的油画将依然存在。人们将说超现实主义时代有达利,他比其他任何一个画家更好、更有教养。所有这些都是次要的,主要的原因是在维米尔之后,我是第一个更新绘画技法的。维米尔的技法是用反复地添加油画颜料来创造出宇宙空间的幻觉。用肉眼几乎看不出的画面结构产生于空间形象。我起步于维米尔停留的地方……

那个世界得简化并且得修改。还有什么比我在佩皮尼昂火车站发现的东西更具有感官上的作用呢?这是一种独特的、以视觉为基础并刚好建立在视网膜中心的创作。这种效果可以比作像墨斯卡灵一样的迷幻药。这不正是我的感官意识的总和吗?

我是个伟大的谄媚者、一个侍从。我像所有的名妓一样,吻所有的大人物和所有的皇帝——包括拉斐尔和委拉斯开兹的人的屁股。我将吻每个比我更高贵的人的屁股,还将吻天使般的人的屁股。我们还是回到当代的发明上来：控制论手法使我们有可能制造出一系列的反射，它们聚于一个平面之上，但构成的形象却似乎比该平面近四英寸或远四英寸。我们很快将能够构成仿佛在基准表面一码以外的画像。借助于所有的点和由此构成的形象，我们将得到类似于本世纪初修拉所做的点彩画来取代修拉那种小点的镶嵌，绘画将真正地处于空间，这将导致又回到极端倒退的写实。我总是说在光效应画派和波普画派之后，我们将经历平庸艺术的一次新胜利。看看我壁炉上那讨厌的宗教石膏像，它是一位古代女神，这女神却戴着一顶俗不可耐的头盔。这可真是绝妙的象征！

这次我们将使用真实的照片。用照片和新的空间技术，我将取得也许被我们称作是古典的，甚至是绝对古典的综合效果。形象将保持照片的状态，移动的点和线就来自这些形象。除了眼前显现出各种不同的距离和空间位置外，天赋的因素还要取得一个像点彩画法时代那样的充满微点的表面。

整幅油画全是小点，观众似乎会感到他们能用双手伸进这些小点里去。这些小点能组成艺术家想要的任何形象：臀部或蜥蜴，而逼真可信的印象将永远是油画的目标之一。画家仅仅是用某种方式来强调这些点，用画笔极其轻微的笔触来扩大这些点。运用绘画的技巧，我将尽可能表现这种笔触。我也要搞行动派绘画，我的油画将由上百万个各种各样的彩点组成，每个点都拥有整个画面的狂热，就像乔治·马蒂厄的绘画一样。我再说一遍，每一个点都有自己的重要性，因为对眼睛而言，空间里，在同一表面的适当距离上每一个点都有自己的位置。正是在视觉的意义上，我将获得一个马蒂厄。由于对物体的照相式的回归，这种画也将是光效应绘画艺术。

任何妄想狂或潜意识的刺激：威廉·特勒的自画像、一个小女孩、海边、宇宙进化论的延续……所有这些潜在的主题将被融合进我的反倾向的概念中。

　　我最感兴趣的是魔力。我对佩皮尼昂车站的印象不仅仅对绘画有作用。我还把它用于我的写作、我的性欲意识及我对正义的概念中。我最近特别关注的事是恢复法律精神,我要超过孟德斯鸠。我正在写的一本书将震惊世界,因为这本书论述的是法律问题。这本书并不像我今晚要同梯希尔先生共进晚餐一样不值一提。我想把泰哈德·查丁的思想付诸实施,与他一道声明宇宙在几个地方聚集。这种魔力般的聚集与巴斯卡尔的存在主义的焦虑相差不远。当你要我谈绘画时,我把佩皮尼昂火车站聚集在我的绘画作品上,如此才不至于把我本身弄得支离破碎。

　　它是花瓶的设计方案。这副骨骼是我所遇到的最好的骨骼之一。作画时我将改动它。这筼鹭要复制。复制品中有两个要用大量的金子做成器皿的形状。你很清楚,我个性的渊博结构是二元的:我有两个头脑,就是双重头脑。我有两个达利。因为我在写书时,我已从文学上把自己分成两个人:无政府主义者达利正准备写信给罗马天主教徒萨尔瓦多·达利阁下。除了我说的花瓶,还将有一个双重的盛器,用石英石来做,它将以那副筼鹭骨骼的花纹为基础:红葡萄酒从一边流出,白葡萄酒从另一边流出。

　　自文艺复兴以来一直有人这么干。达·芬奇就搞过花园设计,他还为教皇的瑞士卫队设计过勋章,并且设计过许多日常物品。二十五年前我设计领带和墙纸时,我的朋友们就大为愤怒,他们把这称为奇耻大辱。他们说:"达利靠设计领带来卖淫。"我想他们完全是出于嫉妒,因为他们没有接到这样的生意。十年以后,毕加索和同事们开始设计室内装饰:桌布、盘子和其他成百上千件并不高雅的东西。

　　我不能接受一个物体而不使它变形。我不能抛弃我的需要来研究一个物体的魔力的可能性。我的朋友送给我一个有天花板那么高的餐具柜。在接受它之前,我要研究它的历史,因为从魔力的角度来看它可能有不吉利的影响。

事先有许多照片。我几乎总是用图片资料,这是传统。艺术实践就是直接临摹腿、手臂和任何可复制的东西。有人搞素描和我一样,一幅照片就是绝对有用的因素。

第一次是在1929年,那些非常清晰的形象中的一个出现在我面前,越来越多,尽管在我记忆里他从来没有过先例。那是在卡德奎兹发生的,当时,我正奋力划桨。它包括许多倍太阳照亮的形体,伸展到足够的长度,圆柱形带着圆头,显示出某种不规则。这些形体靠在酱紫蓝色土壤上。它的全部外围都竖立着小杆细胞,这些小杆细胞悬在各个方向,就像飞着的手杖。画中的数码也许与我下意识地对公制感兴趣相符。1926年6月我曾写过一篇文章《圣塞巴斯蒂安的殉难》,洛卡曾说过,它是他所看到的最充满诗意的文章。在这篇文章中,我说明了怎样可以量度圣塞巴斯蒂安所经受的痛苦,就像用温度计来测量温度那样。每一个箭头都是量度承受量的一个增加的等级。就在同时,洛卡在他的《说教的颂歌——致萨尔瓦多·达利》中写道:"一种对形式和限制的向往战胜了我们。那个用黄色码尺来丈量的人来了。"在那段时间,我整个心思都在所有重量制和长度制上,数码到处出现。我也全神贯注于公制,这种公制是对世间事物的数值划分。

《捕金枪鱼》是我画过的最不凡的作品,因为它承担了"对梅索里埃表示敬意"这样一个副标题。它是一个主题绘画的再实现。在"先锋派艺术"时期,除了超现实主义团体外,没有人看中它。这个史诗般的题目是父亲讲给我听的,他虽然是加泰隆尼亚菲格拉斯的一个公证人,但却是位具有可以与荷马相媲美的善于叙述的天才。同时,他还给我看了他桌子里的一位瑞典"矫饰风格"艺术家画的金枪鱼版画。这幅版画我也用于我这幅油画的创作了。最后,在我读了泰哈德·查丁的书之后,我决定用这个主题,它已经诱惑我整整一辈子了。据泰哈德·查丁说,宇宙很可能是有限的,这一点已经为最新的科学发现所进一步证实。于是我认识到,正是宇宙的有限、收敛和界限使能量成为可能。因此,由于这些同样的宇宙局限和收敛使质子、反质子、光子、π介子、中子,所有的基本粒子只占有这种可怕的、过敏的能量。这种就以某种方式减轻了帕斯卡的理论——人类和宇宙比起来是没有意义的,给我们带来了巨大的烦恼,同时把我们带回到这样一种思想,即整个宇宙都将集中于一点。在目前的情况下,这一点就是《捕金枪鱼》,这个令人恐怖的能量的故事就在这幅画中!因为这些鱼,所有这些金枪鱼以及所有正在屠杀它们的人使有限的宇宙人格化了。换句话说,由于达利的宇宙局限于捕金枪鱼的空间,它的所有成分都要求最大的超美学的能量。所以《捕金枪鱼》是一个出色的生物学奇观。据我父亲的描述,大海是深蓝色的,却以血的红色告终。大海是现代生物学的超美学的力量。所有的诞生都在一个奇异的喷血之后,血比蜜甜。在我们这个时代,血的特权属于美国。因为美国的光荣多亏了诺贝尔奖获得者沃森,他第一次发现了脱氧核糖核酸的分子结构。它和原子弹一起,成了达利后半生和冬眠最有希望的未来的标志。

——《达利谈话录》

3. 疯子和疯狂

什么是天赋与疯狂的界限?这是从未能解决的重大问题。最著名的精神病理学者也搞不清楚疯狂从什么地方开始和天赋在什么地方结束。我本人这种状况就更复杂,我不是个内奸,也是个伪君子。我从来不清楚我什么时候开始伪装,什么时候会说真话,这是我内在本质的特性。偶尔我也说到某事的重要性和严肃性。一年后我认识到这种事真幼稚,使人扫兴到极点了。相反,我可能嘲弄地谈论某件事,正是为了表现,使别人目瞪口呆。但事后,我又相信我已泄露了一些非常好、非常重要的事。这些轮流交替的事完全把我搞懵了,但我总设法使自己摆脱。不管什么事发生,我的听众都没有必要知道我是戏弄性的还是严肃的,同样我自己也没有必要知道。我一直在疑惑:那深深的富有哲理性的达利从何处开始?那愚蠢的十分荒谬的达利从何处结束?

像在赫勒克留斯统治时期一样,我们应达到对立的一致。天赋不得不忽略疯狂,疯狂也不得不忽略天赋,由于"神圣达利"被这两个荒谬的、自相矛盾的个性瓜分,由于他将依然待在这两者之下,天赋和疯狂变得具有黏性。

不可否认平卧的姿势减少了我这个西班牙人的天赋和神秘。因为你清楚,由于我们时代的垂直状态,西班牙发明出唯一两种机械装置:潜水艇——那是潜意识的形式,以及旋翼机——直升机的祖先。在西班牙,我们的荣耀包括知道每件事物都是垂直的,甚至……交际,那是垂直的、等级森严的。我既然明显地有点像安格尔或大卫绘画中的人物,我就无须我那爱寻衅的垂直性。但同样我确实得到了某种东西,亦称感情上的细微差别,它能使我的听众忍受住在那些日子里我以通常的姿态说出的粗鲁的话。我从未忽视过狡猾搪塞的外交手腕。

有一次,加拉曾用她的爱情治好了我的疯病。我当时工作得很起劲,很快就赢得了头号超现实主义者的荣誉,而这荣誉又带来了新的疯狂。因为超现实主义把自己关闭在业已找到的形象的封闭世界中。我必须冲破这一束缚,我不仅应当相信自我,而且应当相信自己的事业,懂得我所完成的东西具有自身的价值,完全同我没有关系。加拉曾教我走路,现在该我自己帮助自己,像格拉迪瓦一样行事了。我应当冲破束缚,决定是要疯狂还是要生命。而我也做出了选择。直到今天,我的回答也同当时一样:"要生命!"我变得老成了。我将默默无闻地慢慢衰老,带着我的趣味,直到死亡。因为我与疯子的区别正是在于我不是疯子。

————《达利谈话录》《达利的秘密生活 一个天才的日记》

4. 奇特的胡子

至于普拉,一进门就不厌其烦地重复我们上次会见时的那句话:"总有一天,这两撇小胡子一定会出名!"我介绍他同L认识之后,试图止住他继续重复下去,便说,普拉刚写了一篇极其精辟地分析我的种种怪癖的文章。

送普拉出门时,我对他说:"小胡子嘛,看来真要出名了。你看,还不到半个小时,我们就已经决定出版整整五本书,我的或关于我的!我的战略已经给我带来了关于我本人的无数文章,而所有的秘密都在于我的小胡子像布尔戈斯教堂的塔楼一样总是指向苍天。"

总有一天,我独特的个性将会使他们对我的作品感兴趣,不过,最好还是让他们尝试通过画家的创作来探索他的个性吧!

那一天,当我曾为之多次效劳的著名诗人洛登送给我一个我无比喜欢的犀牛角时,我对加拉说:

"这只角将会救我的命!"

今天,这些话开始应验了。我在画我的基督时突然发现,他全是由犀牛角组成的。无论画他躯体的哪一部分,我都不由自主地把它想象成犀牛角。只有将犀牛角画完,基督的像才会变得完美。后来我发现,每只角旁边都紧接着一只倒转过来的角。于是我开始接二连三地画它们。就像使了魔法一样,它们越来越显得完美和奇妙。我为自己的发现所震惊,跪在地上,似乎在感谢基督。而这,请你们相信,绝非文学家的杜撰。若是你们能亲眼看见,那就太好了:我像个真正的疯子一样跪在自己的画室里。

自古以来,人们就着迷地把握形式,并把它们归结为简单的几何图形。达·芬奇试图按照欧几里得的规则发明一些形态最完美的蛋。安格尔更喜欢球体，塞尚则是立方体和圆柱体。只有达利在巧妙伪装的激情发作时，迷醉于独特的犀牛巫术之后，才终于找到了真理。微微形成曲线的人体表面都具有某种共同的几何形基础，这一基础体现在能唤起对于绝对完美的天使般顺从的锥体之中，这锥体的浑圆尖端或直指苍穹，或向大地，它的名字就叫作犀牛角。

要打胜仗就得穿军服。我一生中只有在极少的情况下才当老百姓。我通常总是穿着达利式的军服。我今天接待了一个过于成熟的少年，他准备到美国去，请我做些指点。我觉得这一切都很有意思。

于是我穿上达利式军服下楼去见他。原来，他决定到美国去闯天下，出人头地，干什么都无所谓，重要的是要出人头地。他对美国生活的单调更是一无所知。

"您有一些有影响的熟人吗?您喜欢吃好东西吗?"我问他。

他略带几分贪婪地回答：

"这有什么，我什么都能吃。哪怕常年只靠面包和豌豆过日子!"

"这不行!"我说道。思索片刻之后，现出担心的表情。

他露出了惊奇的神色。我这才解释自己的想法：

"每天只吃面包和豌豆，这是一种过于奢侈的享受。先得去把它们买来。而要有钱去买，就得不断地工作。如果你只习惯于靠鱼子和香槟生活，那么你根本没有必要去。"

他脸上露出傻乎乎的笑容，硬说我是在开玩笑。

"我一辈子从来不开玩笑!"我吼道。

"是这样，年轻人，鱼子和香槟是某一类女人完全免费地款待您的东西，百般讲究，味道鲜美，环境也非常雅致。可是您若要取得她们的好感，您就得与现在的表现截然不同：现在您对身穿军服来接待您的达利张牙舞爪、厚颜无耻。您还是弄您的豌豆去吧!您的脸上早早地长出了皱纹，这说明您连干豌豆都弄不到。至于您的衬衫，它令人恶心的博彩色表明您是那种未老先衰的老头儿和倒霉鬼。"

"您的小胡子……它与我第一次拜见您时完全不一样。"

"我的小胡子随时都在变化,从不会接连两天一个样。现在它有些失常,因为我把您来访的时间弄错了一个小时。除此之外,它还没有开始工作。实际上,它才从睡梦中,从梦幻世界中走出来。"

在思索片刻之后,我觉得这些话对于达利未免过于平庸,因而感到几分不满意,而这种不满意则使我想出一个别人难以模仿的主意。

"您等着瞧吧!"

我跑出去,在胡子尖上挂了两根植物纤维。它们具有一种罕见的能力:会不断地一会儿扭紧,一会儿松开。我回到屋里,向年轻人展示了大自然的这一奇迹。我的雷达胡子就是这样发明的。

尾椎骨女人:"真有趣! 您是怎么做到让您的小胡子翘得老高的呢?"

我:"它们全是蜜枣!"

尾椎骨女人:"蜜枣?"

我:"对,对,蜜枣,正是蜜枣,长在蜜枣树上的果实。我买蜜枣来当点心吃,吃完后,在洗手之前,我先用手背在小胡子上揩。就这样,小胡子就始终保持雄赳赳的姿势了。"

尾椎骨女人:"真是不可思议!"

我立即决定拍摄马克思主义毛发史。为此,我在自己的小胡子上挂上六个白纸环,而哈尔斯曼则在每个纸环上按顺序一一贴上肖像:长着雄狮一样浓密毛发和胡须的马克思;长着同样须发的恩格斯,但他的毛发显然比马克思稀薄;几乎秃顶、胡须也很少的列宁;只有小胡子特别浓密的斯大林;脸刮得光光的马林科夫。照我的安排还有一个纸环,这是我特意为赫鲁晓夫事先保留的;他的秃头光得像月亮一样。现在,哈尔斯曼正在拔除他的最后几根毛发,特别是在从俄罗斯回来之后。这幅照片如同他在其《达利的小胡子》中的其他照片一样，在那儿取得了轰动性的成功。

　　我听凭我的头发长长，长得像个女孩儿。我在镜子里看着自己，频频摆出拉斐尔作品的姿势和忧虑的面容，我一直想尽可能地模仿他。我还迫不及待地期待着脸上的胡须长出来，这样可以刮脸和留长鬓角了。我希望尽早地给自己留一个"奇特的外表"，用我的头做一幅杰作。我常常跑进母亲的房间，跑得特别快，以免让人发现，我匆忙往自己脸上抹香粉，然后又用眉笔夸张地把眼睛周围涂黑。在大街上，我紧紧咬住嘴唇，让嘴唇尽可能地变红。当我意识到已经有人向我投来好奇的目光时，这种虚荣的表现就更强烈了。

——《达利的秘密生活 一个天才的日记》《达利自传》

5. 我的裸露癖

　　我必须伴随裸露的节奏醒来，那是由我的裸露癖引发的。为了做到这一点，在胡利娅早晨进入我的卧室为我打开窗户之前我必须是醒着的。这种苏醒完全是靠意志的力量做到的，对于我来说，由于多日精疲力竭的劳碌，按时醒来真是个折磨。尽管每天早晨我都睡梦正酣，还是能准点醒来，也就是说，在胡利娅进来的十五分钟前醒来。我利用这段时间品味着从我的行为里得到的性欲激情，特别是要让我那变化多端的姿势——我的姿势都能引起我的内心慌乱，并且在胡利娅身上产生最大的效果。我一直到听见胡利娅脚步走近的最后时刻都在演练自己的姿势，只有到此时我就得做出决定了，而这最后的不知所措的时刻就是我初尝裸露癖中让我最有快感的时刻之一。我刚一听到开门声，就一动不动地躺着，装出安然沉睡的样子。不过只要有人仔细看着我，就会很容易发现我在晃动，我的身体正在强烈地颤抖,我必须使劲咬紧牙关,以免牙齿打战。胡利娅打开两扇窗户,走近我的床前,用被单盖住我的裸体,被单是我有意让它落到地上或者胡乱压在我脚下的,从表面上看,却仿佛是我在睡觉中不老实把被单踢成这样的。盖好被单后,她吻一下我的额头把我叫醒。在我那个年龄,我觉得自己非常美,让人看到我而体会到的快感太强烈了,要是不再体验一次这种感觉我是不会穿上衣服的。为此,我还得找新借口。于是我在狂乱思维的方案表里搜寻早晨裸露的一千零一种方式——那是我前一天晚上睡觉之前所精心准备的。"胡利娅,我衣服的扣子掉了!胡利娅,帮我在大腿上涂点碘酒!胡利娅!……"

我那双闪闪发光的皮鞋,那双鞋我从来不能久穿,因为它太夹脚。在去作公开演讲时,我通常是在开讲之前才穿它——让鞋子对脚掌持续而疼痛的压迫达到最大限度能够激发出我的演讲才能来。这种高度敏锐、令人难以忍受的痛楚使我唱得并不比夜莺或那不勒斯街头的歌手逊色。顺便说一下,他们也是穿着太紧的皮鞋。我由于自己的闪光皮鞋而感受到从内心直接产生的肉欲以及越来越厉害的痛楚,使崇高真理的词汇从我口中迸涌而出,真可谓妙语连珠,无比凝练,高度集中,高度概括。而这一切都得力于我脚上那双闪光皮鞋所造成的强烈痛苦和折磨。

我就是这样穿上自己的皮鞋,像受虐淫患者那样,不急不忙地讲述自己被超现实主义团体开除真相的。他们简直是编造流言蜚语对我吐口水,布勒东更是指名道姓地造我的谣。其实,他只不过是不能容忍我成了最后唯一的超现实主义者。

我一生一直关注鞋,我曾几次在现实主义物体和绘画中使用了鞋,甚至从中得到了一种神性。1936年,我甚至把鞋戴到了头上,斯基亚帕雷利根据我的创意设计了一种帽子。黛西·费洛斯也头戴这种帽子出现在威尼斯。实际上，我觉得与音乐制品相反，鞋是最能承载现实主义品行的物体。我经常把它表现成干瘪的、扁平的、柔软如腐肉般的大提琴等。我最近的一幅画表现的就是一双鞋。我用了长达两个月的时间照着模特儿临摹下来，并以拉斐尔圣母像时那种挚爱和客观态度画了那双鞋。所以看看我是如何在一幅极富趣味性情况下产生的即兴画作上加入了持久整体的哲学平台是非常有启示的，而这个平台只能随着时间的流逝而日趋巩固。

什么是高？高就是与低完全相反的东西。于是你们就有了关于眩晕的精彩定义。什么是低？低就是混沌、群体、集合体、混杂、幼小、人类愚昧疯狂的共同根底，混乱不堪的无政府主义状态，低就是左。右是上，那里有君主、穹顶、官阶、构架和天使。所有诗人都只寻求一样东西：天使。不过他们天生的否定论恶习已经混淆和颠倒了他们的情趣，把他们变成了罪恶天使。如果罪恶精灵确实总能够激励兰波和马尔多罗尔的天使们，那也仅仅只能是由于他们不能适应现实，而这正是诗人固有的特性。画家们相反，他们脚踏实地，不需要摸索着走路，他们有远远高于诗人们的灵感手段，那就是眼睛。他们不需要求助于那种纠缠不清的颠覆性思维，而诗人们则要无法避免地置身于其中。所以只有画家们有能力，而且将继续有能力向你们展示真正的天使和真正的上帝，就像拉斐尔从他神圣天才的雄伟的奥林匹斯山高度以其逼真现实和清醒理智所做的那样。至于我，我的谵妄越严重，视野就越清楚。

这样，正如我所说的，从九岁开始，我就成为一个孤独的儿童，坐在洗衣池里的国王，鼻子常常流血，身处屋顶平台的高处、家宅的顶端。除此之外的所有一切，所有由脱离了痛苦的生物构成的炮灰，所有鼻毛、蛋黄酱、陀螺、炼狱里的灵魂、随便什么都学的蠢孩子、煮沸的鱼，等等，全都不在话下。我再也不会到幽灵街去学习任何东西了。除此之外,我从远古以来就是一个疯子,如何会在乎那个可恶的正字法,我在至少两千年以前就已经遗忘了的东西,现在为什么还要学它呢?

我曾经是个不屈不挠的人,而现在更是这样。我的孤僻狂躁以一种病态的火焰在加剧,我要爬到房顶平台上的渴望太强烈了,还没吃完饭,我就无法在座位上再待下去了。我必须借口肚子疼,几次跑进卫生间,把自己关在那里。我这样做的唯一目的就是要单独待一会儿,这样可以缓解一些我必须等到吃完饭才被许可从楼梯跑上去把自己关在洗衣池里所要忍受的煎熬。

在学校里,对任何有意或无意威胁到我独处的人或事,我的精神状态都变得咄咄逼人。对任何敢于接近我的孩子,当然这种孩子也真的越来越少了,我都以一种十分仇视的目光和态度对待他们,这样就可以保证在以后很长一段时间的娱乐活动中都不会有人来干扰我,从而让我处在与外界没有接触和不受滋扰的自我世界里。

有很多次我感到过羞耻。我小时候就怕羞,特别是同社会阶层比我高的人在一起时。每次我脱帽时,总是特别害羞。我在第一次拜访劳伦生时非常紧张,不免有点失礼。现在事实正相反,是我使其他人紧张。

在一家奢侈的饭店,所有的外界生活都消失了!你只需按下电钮门就开了,电钮能给你带来任何东西,每件事都被安排得很细致。你可以打电话订戏票,事情进行得很顺利,解决得很圆满。在这种情况下,最有机会一目了然地处于纯洁状态。

——《达利自传》《达利的秘密生活　一个天才的日记》《达利谈话录》

6. 画作中的怪物

达利无论在什么人的美术作品前从没有过感想。从来就是如此。

我曾对某些作品有过停留,但我仍然是没有感受的。真正能把我吸引到绘画上的东西是性欲方面的, 特别是安格尔的裸体画和其他同时期的裸体画。在我的青春期,我临摹这些作品是以某种特殊练习为借口的。在古典作品方面,我对性欲和对死亡的感情要比对所谓的艺术完美更感兴趣。我不知道宗教感情是怎样有的。上帝是我不认识的人,我不关心他到底是什么人。罗马雕塑是一种陈规老套、因袭时尚的现象,是一种浮夸的雕塑。

我不知道什么是"我的感情"的真正意思。在我的生活中,我从没有流露过感情。唯一算数的是形象。我只关心以前大师作品的知识要点, 就像IBM公司的一台机器只依赖于输入其中的部件工作一样。我充满激情地喜爱我从绘画中学到的任何东西。当我观赏一件作品时,我对我可能流露出的脆弱感情丝毫不感兴趣。我只知道有一幅最无异议的绘画是委拉斯开兹的《纺织女》,它给我提供了大量的令人震惊的知识。至于这幅画的精神,它准确地再生了一个新的时代,那就是我向他脱帽致敬的原因。绘画人向我提供了难以置信的精确知识。我感到这幅画一直深入到西班牙公主的房间。委拉斯开兹也教了我光线、反射和镜子的作用——他教我的要比整个科学选集都要多。他的作品是一个无穷无尽的极准确的资料和计算宝库。

我时常去看委拉斯开兹的那幅画,那时我心中什么也感觉不到。我脱下帽子满意地说,那幅画令人崇敬而又漂亮。我想只要我们消除心中仅有的一点感性,一件东西就会令人崇敬。感情是陈词滥调,却是当今生活中的基本元素。每次我受到感动时,总是处于一种白痴状态。例如,假如我正在巴黎一家咖啡馆喝咖啡,一支军乐队正举着旗帜走过, 这时我受到一种微弱颤动的折磨——这就是你一直在谈论的感情,这种颤动导致我掉落在常人的地位。当我在美国时,我身边都是大使,乐队开始演奏国歌,就在所有人都起立时的一瞬间,我想起某件东西,它就是可以想象到的最下流、最淫荡的感情。我在委拉斯开兹的《纺织女》或者维米尔的画前感觉到的却是另一件东西：一种混乱、一种交流、一种突然成倍增加的意识……所有令人崇敬的方面——以表达出的或尚未表达出的——猛然地聚集在一幅画上，甚至会聚集在那块无穷小的碎片上，是普鲁斯特在谈到他的性格的难以理解时显露出的那种令人崇敬的感情结合。他羡慕维米尔。他需要看看那幅画中墙壁的延伸，那小小的墙角就能补偿他所有的不舒适。这并不是一种感情：一种简单的不可理解的作用决定了对一件艺术作品的沉思。生理上的作用本身毫无价值。

像每件艺术作品一样，看这幅原作花了我很长时间。我年轻时喜欢看复制的画。那时我那做律师的父亲为我买了很多画片，我直到成年时才关心这些画片的原作。我想我直到1927年或是1928年才看到真正的《欢快的花园》一画。

我不像喜欢复制品一样喜欢原作。我有一条永恒的座右铭：我总是鼓励人们复制我的绘画，因为我发现复制品要比原作更好。

布希的怪异的画面和狂乱的想象力导致人们把我和他作比较。人们始终这么说是个严肃的错误。布希的怪异是那烟雾弥漫的诺地克大森林的产物，也是中世纪可怕的难以理解的产物。其结果是象征性的特征，而讽刺产生了大量的腹泻，这是我不感兴趣的领域。事实上这与产生于不同条件的和来自于地中海地区以外的模式的怪异是完全对立的。地中海地区的洞穴和光亮的水面以及沉默寡言的人的粗俗感情突然再次出现在古典绘画传统中和西班牙、意大利的风气中。这些作品的主题经常在庞贝再现，在梵蒂冈的拉斐尔的作品中就有一些精制的摹品：混血儿和斯芬克斯转化成为鱼，等等。一方面布希的思考和绘画是以一种幻想出的姿态一直深入北方音乐的迷雾之中；另一方面，他是以地中海地区鲜艳夺目的光亮为方法，这种方法需要与简洁的手法和罗马古典均衡的概念相融洽。布希的创作象征着进行十字军东侵的骑士粗俗的热情：向人道主义挑战。然而拉斐尔是古希腊的后裔,对他来说根本没有残忍无情的东西。我不知道人们为什么要把辉煌的与众所周知的达利变成一个"圣布希"?

除了想象力外还有鉴别力和天性。我非常了解菲利普二世对艾尔·格列柯的伟大的爱。菲利普二世非常喜欢痛苦的心理,这是他性欲的秉性。

我发现拉斐尔画中的怪物比布希创作得更加怪异。我没注意到它们是因为拉斐尔太谦虚了,他把它们以装饰品的形式隐藏起来。开始我只感觉到它们是花彩装饰物,后来我不得不把它们考虑成构成绘画整体的必要组成部分,以便引起人们注意到它们的存在。我不喜欢布希画中带有民间的、幼稚的和粗俗的东西,简单地说,就是农民也能画出那些东西。拉斐尔和意大利人都非常精练,用装饰的式样把人们的怪异隐藏起来。聚精会神地观看便会发现这些怪异的疯狂会从鼻孔进入,从肛门出来。而在他们的手中,胎儿能孵出星星和变成星星。现在,我感到被忽视的古典绘画的部分正是怪异的最重要的组成部分之一。然而我讨厌、厌倦人们把我比作"圣布希"。

——《达利谈话录》

厌烦是破伤风。当然是指巴斯柯的存在主义的焦虑,它存在于无限的宇宙之前的细小的感情之中。这种焦虑像特尔哈德·夏尔丹和其他科学家揭示的那样正在逐渐消失。我感到能使我消除焦虑的是因为宇宙正在收缩和佩皮尼昂火车站有我的永恒的图像所构成的主要的汇集。在无限的宇宙面前,巴斯柯的焦虑越来越不使我烦扰,除了我睡觉后——因为我经常变换饭店。但在半夜时我却更感到惊讶:"我是在卡德奎兹,是在纽约还是在默尔瑞斯饭店?"这种折磨只持续一瞬间,一瞬间的宇宙焦虑。这是个普普通通的事情,你很可能也会遇到。

荒谬和厌恶是能刺激人们和促使人们作广泛选择的辣椒和调味

品,其结果是对事物广泛了解,或至少是对事物加深了解的幻觉。然而如果你仔细观察,荒谬并不存在。

它是完全理性的存在,不仅仅是一种行为。这种步基尔克戈德和萨特后尘感喟的、出自内心的存在观念或多或少受到无理性行为的刺激。是安德烈·布雷东赋予这种行为一种道德感,例如走上街去枪杀人。作家们仔细考虑过这些问题,最终的结论是赞美毫无意义的存在的文学部分。我个人有点反对这种主张。我发现有两种存在主义:第一种是分裂的忧虑,也是分解的、混乱的,如同萨特的观念一样,在屁股和粪便的味道中取乐;第二种是存在主义的颤动,更无个性特征,但有目的性,与宇宙混为一体。

在两个非基督教徒的婚礼上,当圣詹姆斯扮成一个已被海浪吞没的骑士时,奇迹出现了:骑士身上披满耀眼的贝壳,给眼花缭乱的旁观者带来宇宙的青脓疮。众人也跟着披满贝壳模仿这种奇迹。那就是去康堡斯特朝拜的人随身携带海贝壳作为象征的缘故,就像我谈到萨特的存在主义,用这种小事来推断不是太分裂的,而是有相当联系的,它不仅能统一虔诚,而且能统一一个国家,甚至整个欧洲。在所有穿过法国停留在图卢兹的朝拜者的面前都有同样的象征、同样的偶像和同样的意象。每一天的宇宙统一就是一个国家的统一,当一支军队行军时,甚至超现实主义者都感到颤动,这是一种潜意识同谋关系的开始。

我努力把他们拉向自己,就像一个人把奴隶拉向胜利者的战车。既然他们一无所有并假装心满意足的样子,我就把他们从错误的道路中拉出来,给他们一些东西作为交换。

——《达利自传》《达利谈话录》

三、理性、幻觉和偏执狂

1. 我是神秘主义者

就我的天性而言,我无论在任何情况下都既不会公开开玩笑,也不会自吹自擂和故弄玄虚。因为我就是神秘主义者,而按照连续统法则,神秘主义与故弄玄虚是两种截然对立的东西。

似乎特别明显,据说我的敌人、我的朋友和大众都并不理解我在绘画中显示和表现的意象的意义。如果我本人——绘画的"制造者",也不能理解我的绘画时,怎么能期望别人理解这些绘画。我自己在绘画时不理解绘画的意义如此深奥、复杂、连贯和无意识,以至于逃避了简单的逻辑直觉分析法。

为了使我的绘画达到本国语言的标准,为了清楚地解释我的绘画,我必须为我的绘画提供特殊的分析法,更可取的是要具有科学的严格性和尽可能的客观性。一旦绘画作为一种现象存在,各种各样的解释最后都会随之产生。

我绘画的唯一野心是利用精确的最帝国主义化的狂暴工具使具体的非理性意象物质化。客观上,幻想的世界和具体的非理性世界也许如同现象的现实外界一样,是明显、坚实、有说服力、可认识和具有传染性的。然而,重要的是一个人所要表现的东西:非理性的具体主题。变现绘画的方式就集中在这个主题上。当最卑劣的和无法抵制的模仿艺术的幻觉、使人无能为力的缩短线条的聪明诡计、最具有分析力的表达和不可信的学院风气与具体的非理性的精确性结合起来时，就会变成思想上崇高的等级制度。同时，具体的非理性意象近似现象的实在，相应的表达法近似伟大的现实主义画家——委拉斯开兹和《台夫特》的作者维米尔——按照非理性思维和未知的幻想来现实的绘画。彩色的、手工制作的、精美的、奢侈的、超塑料的、超图片的、深奥莫测的、骗人的、极普通的、脆弱的和具体的非理性意象的瞬间摄影术是逻辑直觉体系或理性机械论暂时无法解释和无法缩小的意象。

　　因此，具体的非理性意象是真正未知的意象。超现实主义在初期阶段时提供了特殊的方法来接近具体的非理性意象。这些建立在超现实主义者专有的、被动的和感官上的作用正逐渐被肃清，以便为新一代超现实主义者的非理性体系的探索方法开辟途径。由于象征的作用，本能的表意符号的应用、光幻视觉和催眠术的刺激等，纯心理机械论的和实验性的梦以及超现实主义主题始终都在以每秒钟不断进化的程序出现。

　　而且已得到的意象有两个相当不妥的方面：其一，尽管这些意象特别为大众继续提供不断的残渣和大量真正的谜面，但它们不再是未知的意象。因为它们已堕落到精神分析的王国里，易于被归纳进当今的逻辑用语。其二，这些意象在本质上的实际和虚幻的特点不再能满足我们的欲望或不再能满足我们的布雷东在他的《现实点滴》一书中第一次提出的"证实原则"。从那时起，超现实主义的狂乱意象绝望地皈依超现实主义者的明确的可能性和超现实主义者在现实中的客观的肉体存在。只有那些尚未意识到这一点的人仍然在完全错误理解的"诗的逃避"中挣扎，他们仍然相信我们的怪诞的神秘主义和奇妙的怪诞。我相信，随着试验的进展，尽管这个时代将继续构成长期以来大量的超现实主义绘画独有的图解，但那难以接近的肢体残缺、无法实现的残忍好杀的渗透、正在扩大的内脏碎裂和根除灾难性的时代已经过去。新的具体的非理性狂乱意象真实的和物质的"可能性"超出了精神分析的"物质"幻觉和现象的领域。

这些意象代表着那有体系的、进化的和多产的特征。艾吕雅和布雷东在模仿时的努力、布雷东最近的实物诗歌、马格里特最近的绘画、毕加索的最新雕塑"方法"、萨尔瓦多·达利的理论活动和绘画活动等都证实了在当前现实中需要具体的物质化，需要道德和有系统的条件在现实的水平上客观地对我们理性经验中的狂乱的未知世界进行评价。1920年，萨尔瓦多·达利把注意力转向妄想狂现象的内在机械论，正视以妄想狂特有的系统作用为基础的实验方法的可能性。结果这种方法成了狂乱的批判综合物，它被称作"癫狂的批判活动"。妄想狂，包括一个有系统结构和有解释性联想的谵妄——癫狂的批判活动，建立在谵妄现象的解释性批判联想基础上的非理性知识的自动方法。妄想狂特有的活泼和系统的因素的存在保证了癫狂的批判活动的进化和多产的特征。活泼和系统的因素的存在不以自动的直接思维概念或任何智力调和为先决条件。因为我们知道，在妄想狂中，活泼和系统的结构与谵妄现象本身是同体的——具有妄想狂特征的任何谵妄现象，即使是个瞬间突发的谵妄现象，也已"完全"包含着系统结构，并通过批判所涉及的方法随后使其自身客观化。批判活动作为系统意象的液态的揭示者，对联想、联系和敏锐有独特的调停作用，这种作用在谵妄的瞬间出现时是重要的，并且已经存在。同时，在富有实质的现实中，偏执狂的批判活动回到了客观的光明之中。偏执狂的批判活动并不是孤立地考虑超现实主义的意象和现象，而是从整体上来考虑系统的有意义的关系。与那被动的、无偏见的、深思熟虑的、美学的非理性现象态度相反，这些相同现象的积极的、有系统的、有组织的、可认识的态度在我们直接实际生活经验的真正领域中被看作是联想的、有偏见的和有意义的事情。重要的是自我陶醉的超现实主义尝试用感觉的系统解释组织。事实上,超现实主义者每天的活动是这样:遗精、扭曲记忆、夜间做梦、白天做梦、把夜间光幻视觉具体地转化成催眠意象，或者把光幻视觉醒悟转化成客观意象——对营养学的狂想、子宫内的要求、合成变质的歇斯底里、故意闭尿症、不自愿的失眠停滞、排外者裸露癖的机会、流产的行动、谵妄的演说、地区特征的喷嚏、模拟的手推车、微小的错误、小人国的不适、非一般的精神分析状态、阻碍人的绘画、确定是人的绘画、令人倒胃口的意象等等。我说的所有这些东西和成千个瞬间的或连续不断发生的忧虑揭示了最小的非理性的故意,或恰恰相反,是最小的怀疑意象的无效作用。它们还依靠癫狂的批判活动的精确工具的机械论与有关政治问题的不可破坏的谵妄解释系统、瘫痪的意志、多少与哺乳动物特性的问题和迷信观念的作用有联系。

————《达利的秘密生活 一个天才的日记》《达利谈话录》

2. 发现尼采

　　我第一次发现尼采就深感气恼。他白纸黑字地公然宣称:"上帝死了!"真是不可思议!我还没来得及习惯上帝根本不存在的思想,却有人请我去参加上帝的葬礼!我开始产生了最初的疑问。我觉得查拉图斯特拉是一个宏伟世界的英雄,我衷心倾倒于他心灵的伟大,可是同时,他又在我眼里将自己压缩成我早已长得比它们高的那些玩偶。总有一天,我一定会比他更伟大,我就对尼采有了自己的看法。这不过是一个软弱的人,他允许自己有装扮成疯人的弱点,而干这种事最重要的就是为了不发疯。这些思考成了我第一条座右铭的基础,而这条座右铭又注定成了我毕生的信条:"疯子与我唯一的区别在于:我不是疯子!"

　　花了三天时间我就将尼采吞噬干净并且消化掉了。在这狼吞虎咽之后，只剩下他的个性没有被吃掉，而我正准备用牙齿去咬的唯一一块骨头即是他的耳朵！后来，那个对希特勒的耳朵着迷的洛克竟然宣称："耳朵是人类面孔的可悲常数"。可是我应当在一切方面超过尼采，包括耳朵在内！我的耳朵将不去追踪烦恼，不去考虑灾难，不去回忆硝烟和瓦格纳的音乐。它们永远不会去干这些事情！我的耳朵将是上端尖削的、帝国主义的、超理性的，它们指向垂直的神秘主义和垂直的西班牙辛迪加一样的天穹。

阅读尼采的著作并没有加深我的无神论信念，而是在我心中首次引发了猜测前神秘主义灵感的兴趣。当我在1951年草拟《宣言》时，这一灵感取得了辉煌的成就。而尼采这位哲学家的个性，他纷披的须发，他对于多愁善感的、会失去生殖能力的基督教德行的斥责却在我内心激发了反社会、反家庭的本能，并且帮助我勾画出自己的轮廓。

我正是从通读《查拉图斯特拉如是说》的那一刻开始蓄长发的。它们将我的面颊完全遮住，抵达嘴角边上，而黑油油的长发则一直垂到肩头，如同女人一样。

尼采激发我思考上帝。可是只要我一开始崇拜他这样的原型并予以效法，便足以使我同家庭决裂。我被驱赶出家门，因为我对在父亲的藏书中所发现的无神论和无政府主义教导研究得太认真、模仿得也太具体了。再说，他（尼采）也不容许我在各方面都超过他，其中包括亵渎神明：我在这方面所做的恶不知比他多多少。

在被赶出家门之前的四年，我是在极端的"精神贬斥论"的不断发作状态中度过的。对我来说，这四年真可谓尼采式的岁月。如果忘记那几年的气氛，我生活中的许多东西就会显得无法解释。这是我在赫罗纳蹲监狱的时代。当时，巴塞罗那的秋季沙龙以下流为名撤销了我的一幅画作，我还同布留艾尔签署了一批写给人道主义医生们以及西班牙一切最可爱的人物的信，其中包括诺贝尔奖获得者梅内斯。其中的指责大部分没有任何根据，我只是想通过这一途径表示我的

"权力意志"，并且向自己证明我还不能感受良心的责备。而那注定成为我的超人的绝对不是普通女人，而是名叫加拉的超级女人。

不过，尽管我一直确切地知道我的器官想要得到什么，但我的情感却做不到，它就像肥皂泡般轻盈而脆弱。所以总体来说，我从来不可能预知我行为的歇斯底里狂妄过程，更不用说行为的最终结果了，而我常常是这些行为的第一个惊骇观众，这些行为在其高峰时往往可以达到铅弹般的灾难性威力。事情正如每次从我情感里冒出的千百个彩虹泡沫中总会有某一个泡沫在它转瞬即逝的生命过程中偏离出来，并且奇迹般着了陆。也许就是在那个时刻，它演变成一项重大行动，即刻从一个透明立体的东西变成一个不透光、有恐吓性的金属东西，就像个炸弹。

——《达利的秘密生活 一个天才的日记》《达利自传》

3. 拉康对偏执狂的分析

无论愿意与否，我觉得自己注定要成为一个乖张悖谬的人。我三十三岁了。有一天在巴黎，一位年轻有为的精神病学家给我打电话。他刚刚在《人身牛头怪物》杂志上读到我的文章《偏执狂活动的内在机制》，他对我表示祝贺，并对我有关偏执狂活动的精神科学知识表示惊讶，一般人对这一学科是难以理解的。他想和我见面，讨论一下这个问题。我们约定当天下午晚些时候在高盖特大街我的画室见面。面对我们预期的会面，我整个下午都处于一种极度亢奋的状态，并企图事先设计好我们谈话的过程。我的想法常常被当作自相矛盾的怪想法，当然也有一定的天才成分，甚至在超现实主义圈子里我最亲密的朋友们也这样认为，不过我很高兴它们最终还是在严肃的科学里得到正视。所以我很想让我们的第一次意见交换能够进行得完全正常和认真。在等待青年精神病学家到来的同时，我凭记忆继续画诺埃尔子爵夫人的肖像，当时我正从事这张画像的创作。肖像直接画在铜版上，明亮的反光把铜版变得像面镜子，让我很难看清我的画作。就像我先前已经注意到的那样，我发觉越是反射强烈的地方，越能看清我所画的东西。于是我在鼻尖上贴了一块二点五厘米见方的白纸片，它的反光可以使我清楚地看到我画的那些部分。

六点整——这是约好的见面时间。门铃响了。我慌忙把我的铜版收了起来。雅克·拉康进来了。紧接着，我们开始了一场技术性极强的讨论。我们惊奇地发现，出于同样的理由和当时几乎一致公认的结构理论，我们的意见却照样是相反的。我们持续了两个小时的胡乱争论。他离开时允诺要与我保持接触，我们要定期见面。他走后，我开始在画室里来回踱步，力图重现我们的谈话过程，并更客观地斟酌在我们不寻常的分歧中可能存在的真正重要方面。可是我越来越对年轻精神病学家不时查看我面孔的样子感到困惑，或者更确切地说，感到警觉。好像有一种朦胧的异样微笑要在他的表情中显露出来。

他难道是在我的面部形态中研究那些激荡我灵魂的思维痉挛效果吗？

我去洗手的时候才找到谜团的答案（顺便说一下，此刻也是可以最大限度看清事情的时候）。不过这次给我答案的却是镜子里的我的形象——我忘了把鼻尖上的白纸片拿下来了！整整两个小时，我以最明确、最客观、最庄重的语调讨论最重要的问题，可是竟没有意识到鼻子上那令人茫然的装饰。在意识清醒的情况下，这个纸片最终会代表什么鬼东西呢？

我们都了解那些取得辉煌成就的专门学科和这个"宇宙"的荣耀以及我们生活的这个时代，一方面涉及"逻辑直觉"的危机和它的狼藉昭著的名声；另一方面涉及对非理性因素的尊重和作为新的积极的、特定的生产价值的等级制度。我们必须牢记，那纯粹的逻辑直觉、纯粹的直觉，我强调一下是一个纯粹得什么活儿都干的女仆子宫里孕育着一个物理的私生子。在麦克斯韦和法拉第工作时，这个儿子显然是被明确无误的劝导和万有引力挤压下来的。毫无疑问，这孩子的父亲是牛顿。由于这种向下的拉力和万有引力，纯粹的直觉被踢出所有特殊学科的发祥地之后，已成了一个纯粹的妓院，我们在艺术界和文学界的妓院中看到她仍在奉献出她最后的娇艳和性欲。

在现在的这种文化背景下，由于自我惩罚的机械论和建筑学，由于心理上对官僚政治的庆贺，由于意识形态的混乱和朴素想象，由于父辈感情的荒芜以及其他方面的荒芜，我们这些现代人已经系统地被白痴化了。我们在消耗父辈的能量，吞食他们衰老的、胜利的堕落美餐，这最终是为了用某种方式与那献祭图腾的主持人取得联系。这个主持人已从他们面前疾驰而过，而我们都知道，好多世纪以来天主教一直把这个主持人作为精神上和象征性的食粮来平息道德饥饿和非理性饥饿的狂乱。

事实上，当代非理性主义在文化餐桌前表现出最强烈的饥饿，这张文化餐桌只是提供了艺术、文学和残羹冷炙和那特殊科学高度分析的精确性。由于这些东西互不相称的范围和专业目前尚无能力提供具有营养价值的综合物，因此除非那种纯理论的同类相互残杀，否则一切场合均无法吸收。

超现实主义巨大的有营养的文化方面的职责就在这里，随着一个饥荒而产生的大变动，每个新的黏性的和可鄙的贪食者，还有那大量可怕的牙颌正在狼吞虎咽地吞吃那些众多的血淋淋的和卓越的政治生物肉排，超现实主义的职责变得更加客观，更具吞食性和排外性。

萨尔瓦多·达利抓住了偏执狂批判这个精良的工具，不再想背弃他那不屈不挠的文化支柱。正是在这种情况下，他长期以来也一直倡议我们在消化超现实主义时必须处理得当。因为我们这些超现实主义者是高质量的、颓废的、刺激性的、无节制的和有矛盾心理的废物。这些废物又有着绝顶的聪明才智,他们与他们的好战的、癫狂的、残忍的国家本身没有两样。在这个又有一种特殊的道德风尚和混乱的意识形态的国家里我们享有盛誉和生活乐趣。

　　至于我们这些超现实主义者,只要你稍加注意,就会发现我们根本不是艺术家,我们也不是真正的科学家,我们是鱼子酱。要相信我,鱼子酱是奢侈品,是味觉的智慧。特别是在现在这个时代里,人们渴望非理性,尽管这是一种无法相比、无法忍耐和帝国主义的渴望,但它被等待进餐的唾液激怒了。非理性饥饿为了进一步取得身边的光荣征服,它首先必须吞掉那精美的使人陶醉和辩证的鱼子酱。没有鱼子酱,那难以消化的令人窒息的和紧接而来的思想意识的食物将会立即有使那充满活力、富于哲理性并具有历史胃口的热情无能为力的危险。

　　鱼子酱不仅是鲟鱼的生活经历,也是超现实主义者的生活经历。因为像鲟鱼一样,我们也是食肉鱼类,这些鱼我已经暗示过,在两种水域之间畅游:一是艺术的冷水,一是科学的暖水。正是由于水的温度,由于我们逆流畅游,我们生活的经历和我们的多产才会达到混浊的深度。非理性和道德的高度透明才有可能仅存于尼禄似的风气下的渗透作用,而这种渗透作用产生于生活和混浊底部的不断融合,产生于戴着王冠的心,产生于满足和犹太教割礼的底部,产生于皱折的钢铁、地方的野心、农民的忍耐、紧迫的集体主义、台球桌上白色字母支撑着的假面具、磨坊里的俄国人的白色字母以及各种各样的温度和皮肤病学的因素。总之,这些因素对"无法正确估计"这个词的概念和有个性的因素负有职责。一个虚假的概念其功能被一致认为是难以捉摸的鱼子酱的味道,这种虚假的概念还隐藏着具体的非理性的胆怯和味觉病菌,而仅仅由于客观上的无法正确估计的神化和突然迸发,具体的非理性构成了那幻想出的鱼子酱的新印象画家的准确性和精确性,具体的非理性还将从排外主义和丰富的哲理性方面构成可怕的使道德败坏的和极其复杂的我个人经历和绘画中的发明效量。

可以肯定,我讨厌任何形式的简洁性。

偏执狂的批判活动排外地组织起主观、客观现象联系的无限性和未知的可能性,并使其客观化。这种现象,作为非理性的忧虑,为我们把它们本身展现为着迷观念的排外优势。偏执狂的批判活动因此揭示出非理性的新的客观"意义",它明确地把谵妄的世界推向现实世界。

妄想狂现象著名的有双重外形的意象——这种外形从理论上和实际上都可以被增加,所有的东西随作者的妄想狂能力而定。联想机械论和着迷观念的更新基础就像萨尔瓦多·达利最近的绘画一样,在精心制作的过程中,允许六个意象同时出现,而这六个意象中的任何一个都不能有一点点变形——一个运动员的身躯、一个狮子头、一个将军脑袋、一匹马、一个牧羊女的胸部和一副颅骨,同一幅绘画,不同的观众有不同的意象。毫无疑问,对这幅画的认知是完全实际的。有个癫狂的批判活动的例子:萨尔瓦多·达利的下本书《米勒的〈晚钟〉的悲伤传说》。在这本书中,癫狂的批判活动的方法被应用到那构成米勒绘画的着迷特征的谵妄之中。

所以根据癫狂的批判活动的方法,艺术史必须重新改写。根据这种方法,如达·芬奇的《蒙娜丽莎》、米勒的《晚钟》、华托的《夏尔桑画铺》,这些不同的绘画实际描绘的是同一个主题。也就是说,完全是同样的东西。

——《达利自传》《达利谈话录》

4. 弗洛伊德对梦和幻觉的分析

我的三次维也纳之行完全就像三滴水,没有什么亮点可以让它们荣耀。每次旅行我做的是完全一样的事情:上午去看切尔宁收藏的弗美尔作品;下午,我不会去看望弗洛伊德,因为总是有人一成不变地对我说,由于健康原因,他不在城里。

我以甜美的感伤回忆着那些下午, 我随意在奥地利古都街头游荡,利用从一个古董店到另一个古董店中间短暂的空隙,我匆匆吃块巧克力蛋糕。这种游荡有种轻微的苦涩味道,它由于我看到的古董而产生,并随着一次并没有发生的会见的嘲弄而加剧。傍晚,我与弗洛伊德保持着想象中的完美长谈,直到有一次他陪伴我,靠在萨克饭店我房间的窗帘上整夜与我在一起。

最后一次陡然想见弗洛伊德的几年后, 我在法国桑斯地区做了一次美食周游。我们从吃蜗牛开始,这是我最喜爱的佳肴之一。我们的谈话内容落到了埃德加·爱伦·坡身上, 这是陪伴我们品味蜗牛的绝好话题。我们特别谈到了希腊公主玛丽·波拿巴新近出版的一本书,它是对坡进行精神分析的著作。忽然间,我看到我旁边某人正在看的报纸头版上有弗洛伊德教授的照片,我立即让人拿来一份报纸,得知被流放的弗洛伊德刚刚到了巴黎。我们还没从这个消息中反应过来时,我已经喊了一声。就在那个时刻,我发现了弗洛伊德的形态秘密——弗洛伊德的头骨是个蜗牛!它的大脑是螺旋形的,得用针挑出来!这个发现对我为他画的写生肖像产生了很大影响,那是许久之后在他去世一年前为他画的。

拉斐尔的头骨与弗洛伊德的头骨恰恰相反,是八角形的,像块加工过的宝石,而他的大脑就像石头上的纹理。达·芬奇的头骨像去了壳的胡桃。也就是说,更像一个真正的大脑。

大概是在伦敦,我最终见到了弗洛伊德。作家斯特凡·茨威格和诗人爱德华·詹姆斯陪同我前往。穿过老教授的院子时,我看见一辆自行车靠墙放着,车座上用细绳捆着一个红色的橡胶袋,里面装了热水,好像已经装满了。可在橡胶袋上竟有一只蜗牛在漫步!这种现象在弗洛伊德家的庭院里显得既怪异又无法解释。

与我的期望相反,我们谈论得并不多,不过我们都用目光贪婪地互相看着对方。除了我的画,弗洛伊德对我了解得并不多,他欣赏我的画。不过,我忽然看到他的眼里闪现出一种类似于"普遍唯理智论"的玩世不恭的神情。后来我知道,那次会见产生的效果与我的愿望恰恰相反。

离开前,我想送他一本杂志,上面有我一篇关于妄想狂的文章。我把杂志翻到有我文章的那页,请求他如果有时间读一下那篇文章。弗洛伊德继续盯着我,一点儿也不在意我手里的杂志。我力图引起他的兴趣,对他解释说,这不是一篇超现实主义的随意之作,而是一篇实实在在的科学文章,我还用手指指着题目念了一遍。面对他仍然无动于衷的冷漠,我的嗓门不由自主地提高了,也更执着了。可是,他仍然紧盯着我,仿佛那目光集中了他的全部精力,随后他把脸转向斯特凡·茨威格喊道:"我从来没有见过比他更完美的西班牙人了。多狂热啊!"

你们只消用视觉想象即可看到我目前还未举行的一次答辩的论据。我将在这次答辩中断言,弗洛伊德不过是一个"颠倒过来的伟大的神秘主义者"。如果他那沉重的、用各种可能有的黏稠唯物主义酱醋来调过味的大脑不是受地球深处最隐蔽的阴沟的吸引而无力地耷拉着,而是朝向令人目眩的深渊,云霄之上的深渊,那么请让我重复一句,这个大脑使人联想起的就不是散发出死亡的阿摩尼亚气味的蜗牛,而是活像艾尔·格列柯亲手所画的《复活》一样。关于此人上文已经提及。

弗洛伊德的大脑是我们时代最诱人也最重要的大脑之一,它首先是尘世死亡的蜗牛。然而,这也是这位犹太天才永恒悲剧的所在之处——他永远缺乏这一头等重要的因素:美。而美乃是充分认识上帝的必要条件，上帝应当拥有最高级别的美。

看来，连我自己也不怀疑这一点。我在弗洛伊德去世的前一年为他画的铅笔肖像中准确地描绘了他尘世的死亡。我的主要意图是为这位心理分析天才画一张神奇的素描，绝不是试图画一张心理学家的平庸肖像。

肖像画完之后，请介绍我同弗洛伊德认识的斯特凡·茨威格把它拿给弗洛伊德看，急切不安地等候他可能就此发表的见解。他同我见面之后的赞叹一直使我自豪不已："从来没有见过如此完美的西班牙人！这简直是个狂徒！"

这些话是他对我进行了长时间可怕的透彻询问之后，对茨威格说的。

直到四个月之后，我才终于得知弗洛伊德对我所画肖像的反应。那一天，我在加拉的熟人家进餐时，见到了斯特凡·茨威格和他的夫人。我憋不住了，真可谓急不可耐，待上咖啡时，我问，弗洛伊德对我所画的肖像作何反应。

"他很喜欢它。"茨威格答道。

我继续追问，弗洛伊德是否发表了什么见解或是评论，因为这一切都对我无比重要。可是茨威格要么是有意回避，要么是心不在焉，他漫不经心地说弗洛伊德对"素描的精细"作了高度评价。

直到看见斯特凡·茨威格去世后出版的《明天的世界》一书的结语，我才得知那幅素描命运的真情：弗洛伊德根本没有见到我的素描，而茨威格出于最良好、最高尚的动机对我撒了谎。他认为，那肖像以令人惊奇的方式预言了弗洛伊德之死，决定不拿给他看，因为知道他患了癌症，不愿使他产生不必要的激动。

我毫不犹豫地把弗洛伊德列为英雄——他使欧洲人民失去他们最伟大、最著名的英雄：摩西。

下午，我又重新俯身于画前，全身心地作画，直到房间里完全黑了下来。满月使我灵魂的母性潮汐上涨，并将这乏味的光线倾洒在我"虚构回忆"中加露什卡的女性身体上。她的身体随着岁月的流逝而成长，真真切切而且发育完美，身上穿着夏季的衣服。我心心念念地渴望她。不过，我觉得她已经近在咫尺，于是我想把这等待的快乐和折磨再延长些。可与此同时，我又渴望这个时刻的到来，比渴望世界上任何事情都强烈，我心中暗想："你要抓紧呀，要从这个美妙机会里得到最大收益。她还没到这里呢！"我带着谵妄的欢愉用我的指甲抠住我现存的孤身等待的每一个珍贵时刻。那种欢乐再一次在我已经习惯独处的身体上爆发，它比蜜还甜，此时我只能用牙齿咬着被一束月光照射的枕头一角，用牙齿叼住枕头，把被口水浸湿的枕套都咬透了。"哎哟，哎哟！"我的灵魂在呻吟。我没有敢去碰它，后来就在它的身旁睡着了。

它总是比我先醒。拂晓我睁开眼时，它已经站在我的画旁边看画呢。它一直没睡？

我得为我将要犯下的粗鲁行径道歉，我刚才说的有关我"灵魂"的所有话都是比喻。不过这是熟悉的比喻，它在我那个时期的奇思异想里占有一个十分清晰的位置。我做这些说明是因为我下面要讲的事情不仅不是比喻，而且还是一个真正的"幻觉"，是我一生中唯一体会到的幻觉。而正是由于这个原因，才需要我小心谨慎地讲，这样就不至于同我的其他幻影和形象混淆在一起。那些幻影和形象虽然有强烈的视觉感，但还远达不到成为幻觉的程度。

那是个星期天，就像以往星期天那样我起得很晚，大概是十二点半，一种急迫的要排泄的感觉让我醒来。我起了床，去了卫生间，卫生间在二层。从卫生间出来后，我和父亲说了一会儿话，在那儿待了大约一刻钟，这点父亲后来也证实了。(这就消除了我去了卫生间是个梦境的可能性：我是醒着的，完全醒着的。)当返回到房间时，我刚一开门，就看到一个女人斜着身子坐在窗前，应当说她比较高，穿着衬衣类的服装。尽管这是"绝对现实",而且这个女人的形体也正常,我还是马上发现,我看到的是幻觉——它与我原来期望的完全不同,我并没有受到太强烈的震动。我心里想:"待我把你放倒在床上,以便舒舒服服地把这个怪物看个够。"我又回到床上,但并没躺下。然而就在我将两个大靠枕放在背后,没有顾上看她的那一刻,那个女人就消失了。她并不是逐渐离去的,而是当我再往她那个方向看的时候,她就一下子消失了。

自从那次幻觉之后——对那次幻觉我可以以自己的见证做绝对担保。还有另外两件同样性质的事件,它们都具有一种可靠性,我相信这种可靠性就像相信自己的可靠性一样。这两件事是父亲对我讲的,他是世界上与我亲近的相信这类事情的人。他告诉我,在我不到三岁的时候,一天我在宽敞又偏僻的平台上玩耍。家里几个人看到我津津有味地做着游戏,就是将一把把的土堆起来,拢在一起。突然,我停止了玩耍,看着自己的面前,可是看起来我的面前空空如也,我却害怕得一直向后倒退,还哭了一个上午。所有看到这个场景的人都认为我看到了什么可怕的现象。另一件事情发生在我们在卡达格斯的家。一天,我们正准备乘船外出游玩。临出发前的最后一刻父亲回去拿块手绢。他只在家里待了一会儿,再出来时就面色苍白、魂不守舍。他对我们说,他刚进餐厅,就听到有人从楼梯上下来的脚步声,他通过那特有的又慢又轻的脚步声听出了是谁的脚步声。他向门口看去,果然在门槛处看到了我的祖母(她已经死了八年了)拿着一小筐要缝补的衣服。她下完最后三个台阶,就从父亲的视线里消失了,但并不是挥发在空气中。

这个不容置疑的事实的出现让我相信可能还有其他现象接踵而来。尽管从那时起,这种现象再也没有出现过,但每当我打开一扇门时,我都提醒自己有可能看到某种并非正常的东西。无论怎样,从我这方面来讲,我已经"并非正常"了。正常与非正常之间的界限也许可以进行界定,但是要在一个生物身上把这种界限标定出来则将是不可能的。

　　我的回忆已经把这两者的结合造就成一个坚不可摧的同质体,而只有对某些事件绝对客观的检验才能迫使我把它们看作是虚构的回忆。因为那些事件太荒谬,明显地不可能实现。例如,我其中一次的回忆涉及俄罗斯,我只得把它列为虚构的回忆。因为我一生中从未到过那个国家,事实上只有我的一些虚构回忆才能前往那个国家。

　　是特莱特先生向我透露了对俄罗斯的最初印象,情况是这样的:

　　完成所谓的日常工作后, 特莱特先生有时会带我到他个人的房间去。在我积蓄的回忆里,那里一直是最神秘的地方。浮士德先生工作的房间大概也就是如此吧。在先生那几乎痉挛般被掏空的硕大书架上交错摆放着满是尘土的大宗书卷和似是而非的物体, 一些物体用布全盖或半盖着,有时还显露出神秘的复杂结构,而恰恰就是它不时为我提供必要的细节, 让我时刻准备着:幻觉表现"阿拉伯坐骑投入疾驰"。我的"幻觉表现"正急不可耐地疯狂克制着自己,就等我这说谎成性的银马刺刺伤它那已被伤害并流着血的软肋部位, 以便加速它肆无忌惮的奔跑。

　　在特莱特先生的房间里还有一个用线吊着的被制成标本的青蛙,他戏谑地把它称为Ia meva pubilla(我的姑娘),有时候也把它叫作"我的舞蹈家"。他常常说:

　　"只有它,只要看看它,我就知道将会是什么天气。"

　　这只日益僵硬干瘪的青蛙每天的姿势都不同,这让我深感不适。尽管如此,也并不妨碍它对我产生无法抗拒的吸引力,我的眼睛几乎不能离开这个可怕的东西。除了大念珠、梅菲斯特和青蛙标本外,还有大量的东西,大概是医疗器械,这些东西形态清晰,含义不明,用途也不详,这让我备受折磨。不过,尤其是它可以控制一个能释放出无意遏制的光辉的大方盒子, 而这个方盒子就是我全部心醉神迷的中心目标。它是一种视觉戏剧，能为我提供童年时代的幻觉，让我最大限度地得到满足。我从来无法在头脑里确定它到底是什么样子，也无法把它重现出来。按照我的记忆，它整体看起来像是个背景，映衬在一汪非常清澈的立体视觉的水里，随着丰富的彩虹色变化，水持续不断地呈现出斑斓色彩。而画面本身有其边框，画面上有斑斑点点的小洞孔，色彩透过小洞孔从后面映射出来，变成了另一幅难以理解的画面，只能把它比作我们在"半睡眠"状态时出现的所谓"催眠法"映像的变形而已。就是在特莱特先生这部杰出的戏剧里，我看到了那些在我此后生活中最能深深打动我的画面：她是那个俄罗斯小女孩儿的形象，我立刻就崇拜上了她，她的形象以硝酸般的腐蚀力全面印刻在我童年灵与肉的每一个造型模具里，从我瞳孔透明镜片的洁净表面到我"蝴蝶轻抚"最温情细语的情欲，她在我手指娇嫩指尖玫瑰色指纹柔丝般的保护下隐蔽地睡了。我面前的俄罗斯女孩儿裹在白色皮大衣里，牢牢地坐在一架雪橇上，后面有一群眼里闪着磷光的狼在追赶。女孩儿死死盯着我，她那令人敬畏的高傲表情压迫着我的心。她的鼻翼就像她的目光一样有活力，这让她有点儿动物幼崽的野蛮外表。这种极端的活力与一种无限柔情构成了具有震撼力的反差，这种柔情通过一个椭圆形脸庞传达出来，可以和拉斐尔的一个圣母像的相貌奇迹般地集合在一起。是加拉吗？我敢肯定就是加拉。

　　在特莱特先生的戏剧里，我还看到了一系列完整的俄罗斯景色。看着那光彩夺目的穹顶和洁白无瑕的风景，我感到了震撼。在每一个雪片下，我的眼睛——更确切说——"听到了"东方所有美丽之火的噼啪声。远方那个白色国家的情景完全符合我"绝对非凡"的病态愿望，我逐渐把它当成是比菲格拉斯的街道更有意义的现实，而菲格拉斯的街道则在逐日失去自己的日常形体。

　　另外，在我一生中，每当我激情满怀地渴望点儿什么的时候，都会有一种费解而又强烈的期待，而且它还沁入我的意识里，那就是：

下雪了。我是第一次见到这种景象。我醒来后，在我眼前，菲格拉斯和整个原野都盖上了这种意念中的裹尸布。而在它下面，日常现实也切切实实地被埋葬了，就好像这都是按照我自己特有的魔法意愿造成的。我一点儿也不惊奇，我一直在认真期待和想象着这种变化，而从那个时刻开始，我全身就充满一种平静的亢奋。我经历了激动人心且极不平凡的事情，而且它们还会成为一种几乎持续不断的不眠之梦。

日复一日，经过一番努力，我终于能够还原前一天看到的每一个图形，然后又继续完善我的幻觉作品。如果出于习惯，对某个已发现的形象很熟悉了，那它就逐渐失去激情的价值，就会即刻变形为"另外的东西"。所以同一个形状的内容也同样容易被陆续解释为更加相异甚至相反的内容，如此继续下去，以至于无穷无尽。

这种现象的惊奇之处（它大概就是我未来美学的关键所在）在于只要一次看到某个图形，以后只要想再看到它就可以重新看到，看到的不仅是它的原始图形，而且几乎总能看到它经过修正和放大的图形，而这种改进总是即时和自动的。

加露什卡所乘坐的那个雪橇变成了一座俄罗斯城市的全貌，城里矗立着穹顶，而它又可以变成昏昏欲睡的大胡子特莱特先生的面孔，同时也可以成为原始森林中央空地一群野蛮厮杀的饥饿狼群。如此不断地把这些斑迹变成一系列随时更新的组图，对于我极富想象力的丰富强烈的想象过程来说，它们就成了启发性的背景。我的想象力以最强烈的光明度照射到幕墙上，就好像我的脑袋就是一架真正的电影放映机，有了它，我身体里发生的所有情况，我的眼睛都可以即刻从外面看到。面对那成片的幻觉污斑，我的眼睛惊恐而又专注，污斑由穹顶神话故事球里的融雪滴水造就而成。穹顶已经快要坍塌，可它还在庇护着厚厚墙壁霉变曲线下特莱特先生以及我自己的梦想。

——《达利自传》

5. 软表

一天下午,我感到疲惫不堪,并且伴有轻微的头痛,这种情况对我来说是极为少见的。我们本来要跟几个朋友去看电影的,到了最后时刻,我决定不去了,加拉跟他们一起去,我则留在家里早早地上床躺下。我们以一块非常肥厚的卡门贝干酪结束了晚餐。待他们走后,我久久地坐在餐桌旁,思考着这块乳酪在我头脑引发的"超级柔软"的哲学问题。我起身朝画室走去,打开画室的灯,正如我通常所习惯的那样,再最后看一眼我正在作的画。这幅画描绘的是里加特港附近的一处风景,画中的石头被一束透明而忧郁的夕阳照得闪闪发亮,画面的前方是一棵被砍掉树叶的橄榄树。我知道这一风景为表现某种思想和某种惊人的形象创造了环境,但我一点儿都不知道它究竟是什么。于是,我准备关掉灯,就在关灯的一瞬间我"看到了"解决的办法:我看到了两只柔软的钟表中的一只被令人痛心地悬挂在橄榄树的枝头。尽管我的头痛不断加剧,我还是急忙准备好调色板,立即投入工作。两个小时之后,当加拉从电影院回来时,这幅画,我最著名的画作之一已经完成。我让她闭着眼睛坐在这幅画前:"一、二、三,睁开眼睛!"我目不转睛地盯着加拉的脸,从她脸上看出了毋庸置疑的叹服和惊讶。这使我对自己的新作有信心了,因为加拉在破解艺术之谜上是从来不会弄错的。我问她:"你会在三年之内忘掉这幅画吗?"

"一旦看过这幅画,谁都不会忘记。"

"那我们就去睡吧,我头痛得厉害,得吃一片阿司匹林。你看的电影怎么样?好看吗?"

"我不知道……我已经记不起来了!"

早晨,我收到了一家电影制片厂的一封退稿信,我曾向该制片厂投寄过一个简短的电影场景图,那是我精心制作的,里面集中了我所有尽可能深刻的想法。我把来信内容随便看了一眼,没有勇气完全知道退稿的详细理由。不过，头痛带来的坏心情和我以意想不到的方式完成那幅画的满足感使我产生了一种不安心情，促使我在床上又把那封信细细地重读一遍。写信人首先承认我的场景图里包含着十分有趣的想法，接着他断然宣称，我构思的场景不会引起"广泛"兴趣，不可能进行商业运作，观众不喜欢如此强烈冲击他们的欣赏习惯，并说我塑造的那些形象太稀奇古怪了，观众看过之后，谁也不会再想起它。

　　几天之后，一个来自美国的精明商人买走了我的"软表"画，我给这幅画取名为"坚守记忆"。这个商人有一双犹如格列柯笔下的天使那样巨大的黑色翅膀——常人是看不见的，他身穿三件套的粗斜纹布西服，头戴一顶抢眼的巴拿马草帽。此人便是朱利安·莱维，正是他后来把我的艺术介绍到了美国。他认为我的作品十分杰出，不过，他买去是为了做宣传并陈列在自己家中。因为他觉得此画不会被公众接受，也卖不出去。然而，此画后来一卖再卖，以至于最终悬挂在现代艺术博物馆的墙上，毫无疑问，这是一幅最受"观众欢迎"的画。我看到外省的一些拍黑白照片的绘画爱好者将这幅画多次复制，并给它加上了随心所欲的颜色。这幅画的复制品同样也被挂在食品店的橱窗和家具店里用以吸引顾客！

——《达利自传》

6. 我的偏执狂批评方法

　　比半小时之前更难阻止世界对自己的热切关注。为此我已动了整整二十年的脑筋，并且每天都挖空心思。我当时的口号是："重要的是，让全世界不停地议论达利，即使是尽说好话。"经过二十年的漫长岁月，我终于达到让报纸不断通过传真传播和刊载有关我的种种难以置信的消息的程度。

　　巴黎：达利在索邦作关于弗美尔《织花边女工》及犀牛的演讲，他是乘"罗尔斯·罗伊恩"牌汽车去的，车上堆满了上千株雪白的花椰菜。

罗马：在巴拉维奇尼公爵夫人灯火辉煌的花园中，达利从写满赖蒙多·卢里奥咒语的立体蛋里突然钻出来，得以复活，并用拉丁语发表热情洋溢的讲话。

赫罗纳（西班牙）：达利刚才在圣母与天使修道院与加拉举行秘密婚礼。"现在，我们俩都是大天使了！"他说。

威尼斯：装扮成九米高巨人的加拉和达利从贝斯吉桂府邸的石阶上走下来，同欢迎他们的欢快人群一起在该市中心广场上跳舞。

巴黎：在"拉加列特"磨坊正对面的蒙马特勒，达利用火绳枪往石印板上射击，为《堂吉诃德》创作插图。他宣称："通常是磨坊生产面粉，我则准备用面粉生产磨坊。"他用面粉及浸透印刷颜料的面包瓤塞满两只犀牛角，用它们射击石板，以此实现自己的诺言。

马德里：达利发表讲话，敦请毕加索返回西班牙。他的讲话是这样开始的："毕加索是西班牙人，我也是西班牙人！毕加索是天才，我也是天才！毕加索是共产党员，我也不是！"

格拉斯哥：市政府刚才一致通过决议，购买达利的画《十字架上的圣约翰基督》，为这幅作品支付的数额引起了激烈争论。

尼斯：达利宣布自己将着手摄制影片《有血有肉的手推车》，由安娜·玛丽亚尼担任主角，影片中的女主人翁爱上了手推车。

巴黎：达利带领抬着十五米长面包的队伍在全城游行。该面包被隆重地安放在图阿尔剧院舞台上，达利在那里作了关于海森堡"宇宙胶水"的歇斯底里的演说。

巴塞罗那：达利与路易斯·米盖尔·多米尼根决定举办超现实主义斗牛赛。比赛结束时，身穿巴连希安加服装的"公主"将乘直升机把杀死的公牛吊到天上，并把它扔在蒙谢拉特圣山上，让嗜血的秃鹰将它撕成碎块儿。同时，多米尼根在临时搭成的帕尔纳斯山上为身穿勒达服装的加拉带上王冠，而达利则赤身裸体地从她两腿之间的一个巨蛋中钻出来。

伦敦：天文馆里重现了达利诞生时里加特港天上的星象。据他的心理分析医生卢蒙盖尔博士说，达利宣称，他同加拉体现了关于狄俄斯库里兄弟（卡斯托耳和波吕丢刻斯）的伟大宇宙神话："我们，加拉和我是朱庇特的孩子。"

纽约：达利身穿金色的宇航服登上纽约码头。他坐在自己发明的著名的"蛋形自行车"上。这是一种新型的透明交通工具，能使坐在其中的人产生置身于子宫内乐园的幻觉。

金钱太多、广告太多、成就太多、名声太多等永远、永远、永远、永远（哪怕是四分之一秒）不会使我产生自杀的念头……恰恰相反，这甚至使我非常喜欢。一个朋友无论如何弄不明白，这一切喧嚣作为明星的诱惑者为什么不会给我带来痛苦。就在不久之前他问我：

"如此惊人的成功难道真的不会给您带来任何痛苦吗？"

"不会！"

接着他又以哀求的语调问："比如说，某种轻微的精神失常……"（此时他脸上的表情分明在说："我看，您就该精神失常。"）

"没有！"我断然回答。

当我得知他富甲天下时，又补充了一句：

"为了证明我对您的真诚，我现在就可以做到：从您那儿接过五万美元时，眼睛也不眨一下。"

在全世界，特别是在美国，人们热衷于打听取得如此成就的秘密方法是什么？而这一方法的确存在，它就叫作"偏执狂批评方法"。当我三十岁时，一把它发明出来就无往而不胜，尽管直到如今我也弄不明白这一方法到底有哪些内容。总起来看，或许可以把它看作是最不可思议、最疯狂的现象和物质的严格的逻辑系统化，目的在于使我最可怕的、无法摆脱的思想产生可以触摸的创造性。这一方法的实行有一个条件，即须掌握神圣出身的温柔摩托，亦即某种有生命的核子，亦即某个加拉，可是全世界只有一个加拉。

　　或许，作为这一商品的免费样品，我可以奉赠给这部日记的读者一个关于唯一的一天的故事，这是指我离开纽约的前一天。我在纽约完全按照著名的偏执狂分析方法生活。

　　这天清早我做了一个梦，似乎我为世界制造了许多雪白粪便。它们看起来非常干净，在我制造它们的过程中，我得到了相当不错的享受。我醒来后对加拉说："我们今天要有黄金了！"

　　因为照弗洛伊德的观点，毫不委婉地说，这个梦证明我像生金蛋的母鸡，或者一翘尾巴就拉出金币来的神奇驴子，更不要说达那厄半干半稀的神圣金痢了。一个星期以来，我觉得自己颇像炼金术士的炉子，想于半夜时分（即在我离开纽约的前夜）在"艾尔·摩洛哥"的香槟厅里聚集一群朋友，让本城最漂亮的四个时装模特儿在其中炫耀她们的美色。而她们的出现将成为"帕尔西法尔"聚会本身的广告。"帕尔西法尔"计划是我对这一天所发生的事件进行深思熟虑之后制定的，实现这一计划本身的可能性以奇妙的方式将我的全部才能、全部力量和权利激发起来，积极行动，使我的权力在这一天达到顶点，从而巧妙地解决我的一切问题。因为这些问题一直以普鲁士的方式在我的面前咯吱咯吱地响。

　　我11点钟走出旅馆，为自己提出了两个具体目标：到菲力普·恰尔斯曼那里预约拍摄非理性照片；午饭之前努力向美国百万富翁和文艺庇护人亨廷顿·汉弗莱德推销我的画《圣孔坡斯杰尔杰克——西班牙的庇护者》。由于纯粹的偶然，电梯在二楼停了，一群采访记者热烈地向我致敬，说他们急不可耐地等候我答应的记者招待会，而我将展示新发明的香水瓶。可是我早将此事忘得一干二净了。他们在我接受名片时给我照了相，我把这些名片揉成一团，塞进西装背心的口袋里。当时我感到有些手足无措，因为实际上我什么也不能向他们展示，唯一的办法是尽快想出并描述一个什么香水瓶，并捏造一份我迄今为止无论如何也想不起来的有关合同。我毫不犹豫地从地上捡起一个扔在那里的断了丝的闪光灯灯泡。它绿映映的,颜色跟茴香水一样。我用拇指和食指小心翼翼地拿着它向在场的人展示,似乎它是一件无价之宝:"这就是我的构想"!

"可是它并没有画在纸上啊!"

"这比画在纸上漂亮百倍!这就是它,新的香水瓶,做好后的样子!你们只消精确地描绘它的本来面目就行了!"

我把灯泡放在桌上,轻轻按了一下,它发出一声几乎听不见的碎裂声。现在,它的底端变平,可以保持直立状态了。我指着这个"香水瓶"说,它的盖子要用黄金来做。一个看得入迷的化妆品商人喊道:

"这简直跟哥伦布蛋一样!的确有意思!可是我尊敬的先生,您打算给这种注定要为新潮流奠定基础的香水取什么名字呢?"

"闪光!"

"闪光!闪光!闪光!"周围的人马上跟着狂叫,"闪光!"

一切都像话剧《威廉·退尔》中的情形一样。我已经到了门边时,又被抓住,要我回答问题:"什么叫作时髦"?

"一切可能成为不时髦的东西!"

接着,又请我对最后一个问题发表达利式的见解:"妇女应该如何穿戴?"

我毫不犹豫地回答:"让乳房长在背上!"

"为什么?"

"这是因为,乳房贮藏着白色的奶水,而奶水又具有产生天使印象的能力。"

"您是指天使纯洁的、雪白的肌肤吗?"有人问我。

"我是指女人的肩胛骨。如果射出两束奶来,造成使肩胛骨加长的错觉,并对这一形状拍制频闪照片,结果就会准确地复制出'点彩式的天使翅膀',如同梅姆林所画的一样。"

我用这些天使思想武装着自己，去见菲力普·哈尔曼斯，表示坚决要用照相方式重现由点彩组成的翅膀，正是这些翅膀使我激动万分。

——《达利的秘密生活 一个天才的日记》

7. 战胜非理性

可是布勒东却居然敢当面对达利说"不"字！不过，如果认真思考一下，他也有自己的正确之处：他只不过是想在这混乱中为自己保留选择恶或善，或者同时选择恶与善的权利……

然而，他毕竟还是犯了某些错误。因为他即使在保持选择自由的时候，也应当习惯并喜欢达利的这些多姿多彩、稀奇古怪的果实。他完全被弄糊涂了，错误地认为：达利是彻头彻尾的非理性主义者，想彻底弄明白非理性的东西，似乎想从这当中提取新的人类物质，用来扩展文学题材。实际情况恰恰相反：达利是想战胜非理性，限制它的权利，使它服从于自己的意志。达利的哲学牙齿如同大功率的回旋加速器一样，渴望把一切都咬成粉末、撕成碎块儿，轰击原子内部的中子，似乎要把它在超现实主义睡梦中见到的那些可鄙的生物大杂烩从内脏和含氮化合物变成纯净的神秘的能量。一旦这爬满细菌的不断分解的物体最终获得充分的灵性，充满思想和地球人的使命，那它就整个儿变成了宝贝。

喀耳刻塞壬女妖正是选择这样的时刻装扮成歌声婉转的夜莺，唱起肮脏下流的曲子；存在主义下水道中的所有老鼠此刻正在地窖里交配，等着被占领；而超现实主义酒宴上还在冒热气的残羹剩饭像在污水池里一样，在老鼠们的肚子里变得冰凉，然而最可恶的却是人自身！

"不！"达利立即大吼一声，并非一切都已沦丧，只不过应当呼唤理智的帮助，并非理智地看待事物。那时，我们的一切肉体的恐惧都会得到升华，难以企及的死亡之美会变得高尚，而我们自己则会登上精神完美和禁欲主义的征程。这一使命只有一个西班牙人能够完成，他已向世界提供了种种可惊可怖的发现，而这些发现乃是前人在某个历史阶段曾经得知的。这一次，他命令要使这些发现服从于他的意志，为它们发明玄妙的几何学。

应当恢复委拉斯开兹和苏巴郎曾经使用过的氢化银和橄榄色的尊严；恢复写实主义和神秘主义，这二者本来十分相像，密不可分。应当将高级的先验现实纳入真正现实的某些随意抓来的偶然手段，委拉斯开兹就通过对所见物象的绝对支配而记录了这种真正的现实。然而这一切本身就说明了上帝毋庸争辩的存在，因为他自己就是最高级的现实！

达利对于理智思考的这一尝试以胆怯乃至于无意识的形态在《弥诺陶洛斯》杂志上获得了实现——毕加索建议出版人斯基拉让我为《马尔多萝之歌》准备插图。于是有一天，加拉准备了早餐，请斯基拉和布勒东来进餐。她接受了主持杂志的建议，于是《弥诺陶洛斯》便出人意料地诞生了。

今天，从完全不同的观点来看，《卡梅尼教派研究》漂亮的不定期出版物上的确在顽强地试图阐明无意识中的理性。这些出版物是由我非常敬重的布鲁诺神父领导的。关于《弥诺陶洛斯》不幸的继承人我连提都不愿提：他现在正在瓦符尔出版社贫瘠的唯物主义牧场上拔草。

我终于成为——我曾经是，而且我还要继续是——反浮士德的活化身。小时候，我就崇拜他尊贵的老龄声望，要献出自己的全身，成为他们之中的一员，我想立刻变老！我反浮士德，可怜的他刚一掌握老龄的至高学问，就出卖他的灵魂，抹平了他的额头，恢复了他肉体的潜意识青春！只要能挽救我灵魂的智慧，我愿以生活的烙铁在我的额头上开出皱纹的迷宫，愿我的头发变白，愿我的步履蹒跚！愿我步入老龄的时候，能够得到我童年未成熟的灵魂，得到某种结构的理性审美形式，让我能够掌握别人不愿意教给我的东西，掌握只有生活才能够深深印在我皮肤上的东西！皮肤平滑的童年野兽令我厌恶，我宁愿用我穿着蓝色金属小鞋跟的双脚去踏平它。因为在我的精神世界里，愿望和知识只能是独一无二的事情，而我知道，只有皮肤的耗损和衰萎才能给我们带来复苏的启迪。在柳西亚和我祖母的每一道皱纹上，我都发现了这种直觉认识的力量，它是通过对自己所经受的各种快乐进行痛苦总结而在表层上得到的，它已经成为使胚胎衰老的早衰胚芽力量，一种高深莫测的力量，一种密涅瓦潜藏的酒神巴斯克式的力量，一种扭曲了初生根茎衰老嫩芽上无数卷须的力量，它很快就从天才儿童无年龄晚熟面孔上抹去了刺耳的笑声。

毫无疑问，我并没有在算术的艰难陡坡上前行，我没有在令人筋疲力尽的病态乘法计算中取得成就。相反，我，萨尔瓦多·达利，在九岁的时候，不仅发现了拟态现象，而且还发现了一套全面完整的理论来解释它。

那年夏天，我在卡达格斯观察到一种在沿岸分布极广的植物。从近处看，这些植物由极不规则的小叶子组成，小叶子由极细的茎干支撑着，任何一点儿轻微的空气流动都会让它们抖动不已。不过有一天，我觉得有些叶子脱离其他叶子自己移动起来——它们竟在走动。这可把我惊呆了！我随即把这些奇异细小的"昆虫""叶子"与其他叶子分离开来，以便能够平静地观察它们，仔细地察看它们。如果从后面看，就不可能从它所在的叶子群中分辨出它来。如果把它翻过身来，它的肚子也并不与任何一个螳螂的肚子有所不同，只是它的腿极其纤细，而且在正常姿势下是无论如何也看不到的。对这个昆虫的发现让我产生了很大的感触，我认为自己已经发现了自然界中一个最神秘的秘密。毫无疑问,从那时开始,这个拟态的超常发现对我的隐形偏执现象透视法产生了影响,这些形象以幽灵表现方式遍布在我的大部分现代作品里。我为自己的发现自豪、骄傲和兴奋,立刻把它用于我的骗术。我宣布由于我个人的神奇之术,我已经具备了对无生命的东西赋予生命的功能。

我从那些植物上揪下一片叶子,再用一个"昆虫""叶子"偷换掉那片叶子。我把"昆虫""叶子"放到餐厅的桌子上,用一块卵石在昆虫的周围剧烈击打那片叶子,我介绍说,这款卵石有赋予叶子生命的神奇作用。

表演开始时, 大家都以为叶子是由于我在它周围的动作才移动的。不过后来随着我击打力度的减小,直到只有微弱的敲打,他们就无法解释为什么"昆虫""叶子"还在移动,这种运动很明显没有受到外来影响,与刚才也没有什么不同。

在那个时刻,我的敲击已经完全停止,看到叶子还在走,观众发出一片赞叹和惊讶的叫声。我仍然继续做这种实验,特别是在渔民面前。大家都很熟悉那种植物,尽管那种"昆虫""叶子"大量存在于那种植物之中,但是没有人注意到我发现的那种现象。

————《达利的秘密生活 一个天才的日记》《达利自传》

四、超现实主义艺术问题和题材

1. 我是超现实主义唯一真正代表

在超现实主义者圈子里，所谓现代艺术也被我正在表现出的摧枯拉朽的力量所震慑，奋起反击。首先，我的作品强烈大胆，难以理解，令人错愕而又具有颠覆性；其次，它不是"年轻的现代艺术"。所有这些都是可以理解的，也在情理当中——我的时代给我造成了恐惧！的确，我的反浮士德精神与青春、活力、自发和懒散本能的幼稚歌颂者们截然相反，那些东西体现在诗歌立体主义和大约纯粹造型艺术的鄙陋残渣之中，并在蒙巴纳斯令人作呕而又贫瘠不堪的梯田上大获成功。那家名叫"艺术手册"的快乐现代公司一直到最后一分钟都对我的存在无动于衷；可与此同时，那些老人——他们腿上打着被蛀虫和粉尘损蚀的绑腿，花白的小胡子上沾着鼻烟，衣服扣眼儿里挂着荣誉勋位勋章的绶带——却掏出眼镜来以便仔细观赏我的一幅画，进而产生了想将这幅画夹在腋下带回去，悬挂在餐厅墙上那幅梅索尼埃的画作旁边的念头。那些年长的人——亦即年过五旬者，对我的画总是百看不厌，他们一直喜欢和理解我，他们明白我在那里是保护他们的。其实他们并不需要这个，力量已经在他们一边，我和他们站在一起，因为我知道胜利必将属于传统的一方。我的远征就是为了保卫希腊罗马文明。

我打到巴黎之际，那里的知识分子正受到日趋衰落的柏格森主义有害影响的浸淫，这种赞颂本能和"生命冲动"的主义导致了对美学的粗劣重新评价。的确，一股来自非洲的影响，以一种让人欲哭无泪的知识分子野蛮狂热闪电般穿过巴黎精神。人们崇拜那些真正野蛮的可悲本能的产品！人们终于崇拜起黑人艺术来，而这还是在毕加索和超现实主义者的帮助下实现的！每当想到拉斐尔的传承者们竟然堕落到这种地步，我都要羞愧和愤怒得满脸通红。我必须找到一种解毒药物，一面旗帜，一次向眼前这些恐惧、弱智和精神奴役的盲目产品发起挑战的机会；为了对付非洲的"野蛮产品"，我坚持极端颓废的、文明的和欧洲"现代风格"的目标。我始终把1900年这一阶段看作是希腊罗马衰落的终极精神病理产物。我暗自思量，既然人们不想谈论美学，只会在"生命冲动"之下激情勃发，那么我就向他们展示一下，在1900年的一件物品的一个小装饰细节里还有更多的神秘，更多的诗意、色情、疯狂、邪恶、折磨、悲哀、生物威严与深度——它那种类繁多、奇丑无比的偶像，从身体到灵魂都是愚蠢的，因而也只能是野蛮的！

我的影响总是远离于我，以至于我无法让人相信那种影响源自于我。我第二次去纽约时也体会过类似现象，城市绝大多数商店的橱窗明显受到了超现实主义的影响，同时也肯定受到我的个人影响。不过，我影响力的持久悲剧在于这样一个事实：影响一旦产生，便逃离我的掌控，我既不能驾驭它，更无法享用它。

我觉得我生活在一个已经开始被我的无形影响所控制的巴黎。如果一个在此之前已经很现代的人轻蔑地谈论起实用建筑，我知道这种情况源自于我。如果有人说，不管是说什么东西"恐怕它更有现代感"。这话同样源自于我。人们还没有决定追随我，可我已经毁掉了他们的信念！现代主义艺术家们有足够的理由痛恨我。然而，我却从不能从我的发现中获益。在这个问题上，谁也没有像我这样遭受如此之长的剽窃。这里有个有关我影响的戏剧性典型例证。我到达巴黎之后，就把"现代风格"置于一个十分可笑的敌意境地。然而，我的才智声望却逐渐产生了作用，一段时间之后它便开始显现出来，只要我不辞辛苦地在街上行走，随处都能见到我的影响痕迹：饰带、歌舞厅、鞋子、电影，成千上万人靠着我的影响工作和体面地谋生，可我却继续奔走在巴黎街头而"一事无成"。尽管方式平庸，但所有人都在竭尽全力把我的想法付诸实践，而我却没有任何办法践行自己的创意！我甚至不知道该怎么做，不知道在一部1900年的影片的拍摄中找到我的一席之地——而那些耗资巨大、明星齐集的影片若不是由于我，永远不会这样。

这是我发明创造中一个令人沮丧的时期。我售出的画作与现代艺术行会的冲突越来越大。于是我决定以另一种方式挣钱。我开列了一份形式多样而又切实可行的发明清单：用小还原镜制作的人造指甲，这样随时可以用来照见自己；用于橱窗陈列的透明人体模型，模型里灌满水，再放入彩色小鱼，用以模仿血液循环；根据买主形体制作的酚醛塑料家具；依照旋转方式造型的风扇雕像；供记者用的假面具照相机；带有动画雕塑的走马灯；令人眼花缭乱而又能产生幻觉的眼镜，通过它，所看到的一切都是变形的——专供那些乘车远行的人感到眼前景色过分单调乏味时使用；精心合成的化妆品，它可以清除暗斑而让人看不出痕迹；底部带弹簧的鞋，用以增加行走的乐趣。最后，我甚至发明了触觉电影，并且设计到了最具体细节，这种电影能够让观众通过一种非常简单的装置同步触摸到其所看到的一切：丝绸、皮毛、牡蛎、肉类、沙子以及狗等，这些东西可以引起人肉体和心理上最隐秘的快乐。在心理类的东西中，有令人反感的物品，供人在愤怒的时候将其抛掷在墙上摔个粉碎。还有一些物品则是完全用纯硬质颗粒状物做成的，它那粗砺状的外观给人以刺激感，让人把牙咬得咯咯响，等等。正如一个人并非自愿地听到用刀叉剐蹭大理石桌面一般的声音，这种物品用于把人们的神经刺激到极点，同时又准备好了一种愉悦的宣泄，当一个人精神上想摔另一件物品时体会到这种宣泄，物品摔破的不称心的声音与打开香槟瓶塞时发出的那种令人愉快的"噗"的声音同时发出。我还发明了一种物品，谁都不知道该把它放在什么地方（所选择的任何一个位置，马上就会觉得不合适），这种物品只能给人造成不安，只有将它舍弃，这种不安才会休止。我认为，所有这些物品都有巨大的商机，因为所有商家都很少给顾客以勇气，而那些无意识的性受虐狂顾客总在贪婪地寻找那些能够以并非明显且具体的方式让其受虐的用品。我还发明了带内置假里和形体支架的衣服，这些东西精心分布，制造出一种符合男人色情想象的女性美，进而设置了从背部鼓出的假附加乳房。这是对百年时装趋势的变革，而且切实可行。我设计出一整系列绝对意想不到的浴缸样式，它们有种古怪的精美，使用起来出奇舒服——甚至有一种使用人工供水喷头的无浴缸的浴缸，人只要进去一下就算洗完了。我画了整套的流线型汽车图样目录，就是十年后生产出来的那种流线型。

就在我画《表达爱情的两块面包》这幅画的那段时间，加拉和我常常在下午下国际象棋，我正试着把所有面包渣的那块粗糙画面搞得更光滑些。地板上经常撒着一些东西，像棋子小兵什么的。有一天，我没有把它们都放回棋盒，而是有一个子放到了我的静物画中间。后来，我们另外找了个棋子好继续下我们的棋。因为我就要用这个棋子，而不愿换其他棋子。

我的目标是恢复那些过去的画家失去的技艺，好成功地画出那些爆炸前的物体的静止状态。面包总是最古老的拜物教主题之一，我无法在我的作品中摆脱它，它是第一个也是唯一使我对它保持忠实的主题。十九年以前，我画了同样主题的《装面包的篮子》。非常仔细地比较两幅画，每一个人都可以从中学习全部绘画史。从原始风格的线条魅力知道立体的超级唯美主义。

你千万不要害怕完美，它一点儿也不威胁你。

这样的感觉从来没有离开过我：与我本人以及我的生活有关的一切都是独特的，一开始就带有卓越、完美和光辉的烙印。

难道可以怀疑我发生的一切具有特殊的崇高含义吗？我在下午五点开始研究达·芬奇画的八面体。我觉得它能雄伟而又严格地表现升天这一教义的含义。我猛然抬起头来，凝视我所画的一个典型人物，可是我看到的却是一个庄严地急剧上升的巨大八面体。我刚才所意识到的正是这个样子。

圣母升天根本不是靠祷告，那是她自身的反质子将她送上去的。升天的教义即是尼采的教义。升天绝不是一种神圣的嗜好——这是我所尊敬的伟大哲学家艾乌赫尼奥·德奥尔斯错误地按照自己的嗜好所下的定义，恰恰相反，它是永恒女性所特具的权力意志的最高体现和爆发。而这种权力意志正是尼采的门徒们所追求的东西。与一般的看法不同，基督并不是什么超人，圣母才是真正的超级女性，根据我那个五袋土耳其豌豆的梦，她一定会掉到天上去。而这一切表明，圣母仅仅由于她自身的体重同圣父的体重一模一样，她的肉体和灵魂才留在乐园中。若是加拉走进我亲生父亲的家里，也会发生完全一样的情况。

——《达利自传》《达利谈话录》《达利的秘密生活 一个天才的日记》

2. 我和布勒东

我注定还要接连两次虚情假意地同布勒东讨论我未来的宗教。他什么也不愿听，我只有挥手说声再见，我们相互之间的距离越来越远。1940年，当布勒东到纽约来时，我在他到达那天就给他打电话，祝贺他平安到达，与他商量见面的时间，他定在第二天。我向他陈述了我关于我们新的意识形态纲领的想法。我们商量要创建一个规模巨大的神秘主义运动,目的在于更有效地丰富和扩大我们的超现实主义实验,最终使这些实验脱离辩证唯物主义的轨道! 可是就在那天晚上我从朋友们那里得知,布勒东又在散布关于我的流言蜚语,批评我信奉希特勒主义。当时,这种赤裸裸的谎言对于我们的会见未免过于可怕。因此,我们就不再见面了。

然而,我天生直觉的敏感程度足以与盖革计数管媲美。我的直觉告诉我,在过去的几年中,布勒东已经多多少少接近于我。不过无论如何,你都无法将他的精神活动同存在主义者们片断戏剧的成就相比。

在我没有按照布勒东指定的时间去与他会见的那一天, 我们俩所理解的超现实主义寿终正寝了。第二天,当一家大报请我给超现实主义下一个定义时,我回答说:"超现实主义就是我"!而我的确是这样认为的,因为我是唯一能够使它继续发展的人。我从不摒弃什么,恰恰相反,我总是肯定一切、提高一切,把它们安排妥当,使它们服从于理智的意志,摆脱物质的躯壳,让它们具有灵性。我现在的核子神秘主义不是别的什么东西,而是受神灵感化的。

在气量狭小的复仇感情的推动下,布勒东将组成我姓名的字母重新排列,给我取了一个奇妙的外号:"Arida Dollars",意为"美元迷"。这未必算是一个大诗人的伟大创作成就,不过,应当承认,这的确相当确切地反映了我当时沽名钓誉的方面。而正在此时,在柏林,希特勒在夏娃·布劳温的怀里完全按照瓦格纳的风格死去了。得知这一新闻后,我整整思考了十七分钟,并且做出了不可改变的决定:萨尔瓦多·达利注定要成为当代最伟大的交际花。而我真做到了这一点,如果深入思考,即会明白,我这一生中受偏执狂驱使所达到的一切不都全在于此吗?

希特勒死后,开始了宗教神秘的新纪元,这个纪元眼看就要吞噬一切意识形态流派。而我当时是要完成一个伟大的使命。至少数十年来我一直得同现代艺术做斗争。因此，我不得不真正画好，尽管严格地说，这绝对不会使谁感兴趣，然而，我却完全有必要掌握无可指责的"好画"，为了有朝一日取得伟大的胜利，我的核子神秘主义应当同最高级最完美的美融为一体。

我知道，抽象派什么也不相信，因而什么也不描绘，他们的艺术或许会成为萨尔瓦多·达利的雄伟台座，他是我们这个可恨的唯物主义装饰涂抹和附庸风雅的存在主义时代唯一具有价值的人。我毫不怀疑这一切。可是为了挺住，赢得时间，应当比以往任何时候都更有力地去获得黄金，去大把挣钱，多多益善，越快越好，这样才能保持形态。金钱与健康！我彻底戒酒，开始注意保养自己，在这方面有时竟到了发狂的地步。同时我也注意让加拉放射光彩，竭尽所能使她欢天喜地，珍爱她更甚于珍爱我自己，因为离了她一切都会完结。金钱满足了我们的一切愿望，使我们能够显得漂亮，享受幸福。在这方面，我"美元迷"的全部狡计也起了作用。今天所发生的一切岂不是最好的证明吗？

奥古斯特·孔德的整个学说中，我最欣赏的是一个确切的思想：他在创建自己新的"实证宗教"时，把银行家放在等级体系的顶峰，因为在社会上，让他们处于社会的核心位置。这或许是我阿姆布丹血缘中的腓尼基成分的说法，然而，黄金任何时候对我都具有吸引力，无论它以什么面目存在。

早在少年时代我就知道，以其不朽的《堂吉诃德》风靡西班牙的米盖尔·塞万提斯就是死于穷困潦倒，而开发新大陆的克利斯托夫·哥伦布虽说不是太穷，但却是死在监狱里。这一切，我想重复一遍，我是早在少年时代就知道的，因此我一再提醒自己随时注意两件事情：一是尽可能早一些坐牢，这一点我已及时完成了。二是寻找一种不太困难的办法去当百万富翁，这一点我也做到了。

不同黄金妥协的最简单的办法是自己拥有它。当你有钱之后，任何"服务"都会失去一切意义。英雄是从不为人服务的!他与仆人是完全对立的。加泰罗尼亚哲学家弗朗西斯科·普霍尔斯说得好:"人在社会方面最伟大的理想是神圣的生活自由,没有必要去工作。"对这句格言,达利还要补充一句:"这种自由本身又成为人类英雄主义的必要条件,给周围的一切镀上金,这是使物质具有灵性的唯一手段。"

我这个威廉·退尔的儿子变成了金条,我的另外两个父亲安德烈·布勒东和巴布洛·毕加索都相继在我的头上摆弄含意轻薄的"野"苹果,使之保持危险的平衡。直接在萨尔瓦多·达利本人无比珍贵、如此脆弱、如此漂亮的头上!不错,我的确认为自己是当代艺术的救世主。因为只有我一个人能够提高和综合当今的一切革命性实验,以帝王似的气派和地位使之与理智和解,同时继承写实主义和神秘主义的传统,把这看作是落在西班牙身上的最崇高、最可敬的使命。我的国家将在核子神秘主义伟大运动中发挥主导作用,这一运动将成为我们时代的主要特点。美国由于达到了闻所未闻的科学进步,将以经验主义的证据来肯定这一新的神秘主义(或许,甚至会用摄影和微缩摄影)。

为世界提供了天才的弗洛伊德和爱因斯坦的欧洲人民将不由自主地通过他们转交自己的力本论和自己的反审美倾向。法国的贡献将主要是教导性的。或许,粗鲁放肆、无所畏惧的法国智慧甚至可能拟定一部核子神秘主义宪法,但将这一切提高为宗教信仰和美的使命终将落在西班牙身上。

"美元迷"这个外号似乎成了我的护身符,它好像使美元激流变成了温情的细雨。总有一天,我将证明该如何搜集受到达那厄亲自祝福的这些金雨的全部真相。这将是我新书中的一章,这一杰作或许将用这样的篇名:论被看作艺术杰作的萨尔瓦多·达利的生活。

——《达利的秘密生活 一个天才的日记》

3. 我崇拜毕加索

我是毕加索的忠实崇拜者,但充满了矛盾心理,我们俩之间的感情是爱与恨交织的。我所关心的毕加索是个死人——他已变成我父亲。我的潜意识野心是杀死他……这非常复杂。同毕加索谈话之后,我乘了另一辆出租车,我问驾驶员:"你知道巴黎妓院吗?"他说:"到处都是!"这很可能是假的,但我确实在一夜间去过无以计数的妓院。我特别害怕感染上疾病,这是一种在我小时候就灌输进的恐惧。我已经告诉过你,我被迫处于离电话应召妓女两码远的距离来表示有礼貌的爱。从那时起,我总是保持同样的距离,总是赞美有礼貌的爱。

我认为毕加索作品的魅力来自浪漫主义,而我的不过是建立在传统上。我和毕加索完全不同,他感兴趣的不是美,是丑。而我,对美要感兴趣得多,丑陋的美和美丽的美就像毕加索和我是天才的两个极端,它们可以成为一个天使般的典型。

醒来后吻加拉的耳朵,舌尖似乎感到耳垂上有一个小小的结子。我立即觉得我所有的唾液都充满了毕加索的味道。我所认识的人当中,毕加索最富于活力,他左耳的耳垂上有一颗痣。这颗痣的颜色与其说是金色的,毋宁说是橄榄色的,平得几乎看不出来,其位置同我妻子加拉的完全一样,可以把它看作是后者的精确复制品。每当我想念毕加索时,常常爱抚加拉左耳垂上的这个小小的痣。而我又经常这样做,因为毕加索是我继父亲之后想念得最多的人。他们俩都以自己的方式在我的一生中扮演过威廉·退尔的角色。因此,我早在少年时代就曾英勇地反抗过他们。

加拉的这颗痣是她身上我唯一能够用两个指头捉住的最生动的地方。它以非理性的方式加深了我对于它的凤凰涅槃永生的信念。我爱它胜过爱母亲、父亲、毕加索和金钱!

西班牙自来享有为世界提供最崇高、最强烈的对比的荣誉。到20世纪，这种对比体现在两个人身上，这就是毕加索和敝人。

我在等待上帝对我开恩时成了英雄。不，我说错了，应当是双倍的英雄！按照弗洛伊德的观点，英雄是指反对父亲和父权并最终取得胜利的人。我同我父亲的情况就是这样，尽管他非常爱我。只是他在世的时候很少有机会爱我。而现在，当他进入天国之后，他在上面成了另一个完全配写进高乃依悲剧的人：只有当我由于他而成为英雄时，他才会感到幸福。我与毕加索的情况也是如此，因为我曾把他视为我的第二父亲、精神父亲，我起来反对他，并且也是按高乃依的方式取得胜利，从而使他感到高兴：他只有活在世上的时候才感到高兴。既然注定要成为英雄，那么成为双倍的英雄，总比单一的英雄好。

欧亨尼奥·多尔斯对"所有非传统的东西都是抄袭"做过一次深刻的阐述。"所有非传统的东西都是抄袭"，萨尔瓦多·达利重复道。可以向艺术史的学生提供的有关这点的最典型例子就是佩鲁吉诺（15世纪末16世纪初意大利画家，其作品明晰的构图、简练的形式和空间关系的处理成为文艺复兴时期的重要美学原则）和拉斐尔的例子。拉斐尔当时还很年轻，他几乎都没察觉到，就模仿并掌握了他的老师佩鲁吉诺的全部传统：绘画、明暗对比、材料、虚构、题材、合成、结构，所有这些他都"信手拈来"。因此，他成了主人和人物。它不受约束。他可以在狭小的范围内创作，把他的全部思维投入里面。如果他决定去掉几根柱子或者为楼梯增加几个台阶，如果他认为圣母马利亚的头应该向前倾一些，眼眶的阴影应该有种更为忧郁的色调，他都可以以何等的大手笔、何等的强烈程度、何等自如的表达方式做到这些！如此完全相反的是毕加索。他与拉斐尔一样伟大，可他是该被诅咒的。他该被诅咒，并且注定要永久抄袭。因为他攻击、破坏和摧毁了传统，他的作品有种闪电般的光辉和奴隶的愤怒。他就像奴隶一样被自己创造的锁链束缚了手脚。他重塑了一切,可一切又统治了他。在他的每一个作品里,毕加索都像囚徒一样抗争,他受到统治,被绘画、色彩、透视、合成,被这里的每一个东西所奴役。他没有依靠自己刚刚经历的过去,而这是他的源泉,依靠"现实的血液",这是传统,而是依靠他对所有看到的东西的"回忆":他抄袭伊特鲁里亚(意大利中部古国)杯,抄袭土鲁斯·方特累克,抄袭非洲,抄袭安格尔。革命的贫穷。没有比这更贴切的了。"越想革命,就越墨守成规"。

我已经去过一次巴黎了,那是由我姑姑和妹妹陪同,只待了一个星期。在那次短暂的停留里我只做了三件重要事情:我参观了凡尔赛宫和格雷温纪念馆,拜访了毕加索。格拉纳达立体主义画家曼努埃尔·安赫莱斯·奥尔蒂斯将我介绍给了毕加索,他对毕加索的作品亦步亦趋。奥尔蒂斯是洛尔卡的朋友,通过洛尔卡我认识了他。

我来到毕加索在博埃希大街的住所时,内心激动万分,充满崇敬之情,就像是受到教皇接见一般。

"我来看望您,"我对他说,"是在去罗浮宫之前。"

"您做得很对。"他答道。

我带了一幅小画,仔细包装好,题目是"菲格拉斯的少女"。他盯着画足看了有一刻钟,没有做任何评论。然后我们上了一层楼,毕加索让看他的画,看了两个小时。他拖着巨大的搭在花架上的画布走来走去。随后他又找来另外一些画,那些画靠着墙成排地放在一边。我看到自己已经给他造成了很大麻烦。他每打开一块画布,都向我投来一束充满活力和强烈智慧的目光,那种目光让我发抖。一直到我离开那个房间,我都没有做任何评论。

最终,我已经准备离开,到了楼梯平台的时候,我们互相看了一眼,意思是说:

"您看到什么意思了吗?"

"看到了！"

在自称抽象艺术、抽象派创作、无形艺术等这些典型的精神营养缺乏症的快乐的开拓者中，公然地缺乏哲学文化和普通文化倒是一件最新鲜的事。这来自于我们时代理智荒芜和"现代荒芜"的观点。康德主义者在他们新乐观主义辉煌的刊物上，坚持他们诲淫的黄金般的公式，在新乐观主义的刊物上从来未停止过向我们提供这种抽象美学的汤。事实上，这比新托马斯主义的极其肮脏的煮开过的面条汤还要糟糕，即使饿得全身抽搐的猫也不愿用脚爪碰一下。如果向他们声称的那样，形式和色彩有其自己的美学价值，超出了它们"艺术作品"的价值和奇闻轶事的意义，那他们如何才能用双重的同时出现的表现手法来解决和解释古典的妄想狂意象呢？而这种手法易于产生一种非常逼真的模仿意境，从他们的观点来看，这是缺乏艺术性的，没有变化，是一种有立体效果的丰富意象。如仿效梅索里埃风格雕成的活泼的斜倚着的黑人小孩的超奇闻轶事的微型雕像就是这种情况。这个男孩，如果垂直地来观察，是个超丰富型的，甚至是个丰满的有立体感的、有庞贝人鼻子的幻影。这是因为抽象派艺术创作的高水平！根据美学体系客观的和几何学的精确性，根据具体的、物质的、生物的和狂乱的、体系的精确性，毕加索用独特性的尝试简单地证实了物质附加条件的特性；神化的和不可避免的特性。

——《达利谈话录》《达利的秘密生活 一个天才的日记》《达利自传》

《达利谈话录》

4. 超现实主义艺术批评

批评是一种崇高的事情，只有天才才能从事它。只有我才是唯一能够写抨击性文章的人。因为发明偏执狂批评方法的荣誉正是属于我。而我也这样做了。可是如同在这部日记以及我的《秘密生活》中一样，我在那里也未能畅所欲言，而是有意地把一些重型炸弹藏在烂苹果中间，以防万一。因此，当有人问我，谁是到目前为止最平庸的人时，我就顺口回答：克里斯蒂安·塞尔维斯。如果有人对我说，马蒂斯的补色很美，我则回答说："当然，它们刚刚画成，正在滔滔不绝地聊天。"随后我还一再重复，抽象派绘画花费许多时间也值得：它越抽象，它的金钱表现也就越接近抽象。非具象绘画存在着不同程度的不幸；有的抽象艺术总是使人产生非常忧伤的感觉，抽象派画家的样子更是显得忧郁；而抽象艺术爱好者身上则散发出真正的宇宙性哀伤；不过，若是当抽象派绘画的评论者和鉴定人更是一件痛苦而又可怕的差事。他们有时会发生一些奇怪的事情，简直使人心惊肉跳：整个批评界像事先约好一样，一会儿突然把某些东西捧上天，一会儿又把另一样东西踩下地。毫无疑问，二者都是胡扯八道！只有成为白痴中的白痴、蠢货中的蠢货，才会真正相信，任何废纸只要装订起来，随着时光的流逝，就会像老人的白发一样镀上黄金。

餐厅的墙完全被油画和彩色版画遮盖住了，它们大部分是拉蒙·皮乔特的原作，拉蒙是配皮托·皮乔特的兄弟，当时生活在巴黎。

在这些早餐中，我发现了法国印象主义，它是在一生中给我留下印象最深的绘画流派，代表了我与反学院派革命美学理论的第一次接触。我并没有十分仔细地观看所有我想在那些厚实的无定形明暗画上看到的东西，它们就像是以最随心所欲和最不经心的方式偶然泼洒到画布上的。然而，如果与它保持一定距离挤弄着眼睛去看它，就会突然出现那种无法理解的视觉奇迹——那个音乐般的色彩大杂烩就会表现得有条有理，变成了活生生的现实，空气、距离、光明的片刻和气象万千的整个世界就从混沌中出现了！拉蒙·皮乔特最老的画让人想起了土鲁斯·劳特累克特有的风格和肖像手法。我从那些画里榨出了1900年文学的全部残渣,它的色情性在我的喉咙深处燃烧,就像是咽下了一口烧酒噎在那里。我还特别回忆起他画的巴尔塔巴兰的一位正在穿衣服的芭蕾舞女演员。她的脸显现出邪恶的天真,腋下长着红毛。

不过更让我赞叹的是他的后期画作,其中衰败印象主义最终表现在几幅油画上,它们几乎毫无例外地直接采用了点画式画法。那种橙色与紫色的并置在我身上产生了一种幻觉和感伤的快乐,就是我每次通过棱镜看到东西时所能体会到的那种感觉,那里的东西都被彩虹般的颜色所包围。在餐厅里有个玻璃瓶盖儿,透过它看到的东西都成了"印象派"。所以我经常把这个瓶盖儿带在衣兜里,以便透过它观看风景,以"印象派"的方式看风景。

艾尔·格列柯的最好定义来自伊比利亚无政府主义联合会的西班牙无政府主义者,他们是些毫无教养的人。当他们第一次在托莱多看到艾尔·格列柯的作品时,他们中有一人大叫道:"同性恋国王万岁!"显然,当一个西班牙无政府主义者看到这样矫揉造作的圣人画时,他会心醉神迷地说出这种话,他是禁不住想起同性恋者来的。我打赌,艾尔·格列柯是所有画家中最不西班牙化的一个:他来自希腊,靠模仿才能欺骗。他像个法国勃艮第的蜗牛,没有自己的个性。这些蜗牛没有自己的味道,你必须在它们中添加调味品。勃艮第蜗牛吸收大蒜味,而艾尔·格列柯吸收地方色彩和他周围的神秘主义。在威尼斯,他是个威尼斯画家。到了托莱多,他像辆能装载任何货物的车辆,变得比西班牙还要西班牙,比任何人都神秘。只有一个戏迷会喜欢他,那就是菲利普二世。菲利普二世把他那个时代所有的伟大演员召集在身边,包括我那天跟你谈的布希,还有他的一批幻觉场景和幽灵鬼怪。我们不应忘记菲利普二世曾在托莱多安排过一次奇特的、异常的、荒谬的、神秘的旅行,那肯定是个能产生幻觉的场面。车子把钢琴运往破损的街道；一个天主教徒在试了一架里面有五十只猫尾巴的钢琴后开始演奏宗教音乐，每当他讲一回话，就发出一阵可怕的猫的叫春声，接着又是一声足以使胆小鬼发抖的猫的狂嚎。我认为那种戏剧已强化到临界点。我希望能重复那种场面，就是把被尼龙绳拴起来的运动员和舞蹈家堆积起来，把他们吊在离地面几码高的地方；我将以一种乐器为基础，获得所有的满意的旋律。这种乐器将被扭曲身体的芭蕾舞的作用扩大。同时我还要有一个漂亮的古代浴缸装头活猪，并在浴缸上盖上透明塑料。这个浴缸要是完全密封以后，那在场的人不能看到猪是怎样窒息的。

无论如何浴缸里要有个麦克风来扩大这个动物的呻吟声，以便恐吓每一个人。这并不是个无缘无故的举动；我仅仅是以不同的方式来重建我过去的兴奋。这种兴奋是我在家乡菲格拉斯一边读着中世纪的神秘主义和十字架上的圣约翰的书，一边穿过屠宰场时所感到的那种兴奋。小猪、老母猪的呼噜声是我读书时的配乐。我充满信心，严格地重建我经历过的那种气氛。

我要重复说我崇拜三个老画师：委拉斯开兹、拉斐尔和维米尔。委拉斯开兹是世界上最倨傲、最喜讥讽的画家，一个不可思议的聪明的奉承者。国王派委拉斯开兹去意大利，他回来后，国王问他对拉斐尔有什么看法时，他令人震惊地回答说："毫无价值。"委拉斯开兹发现拉斐尔身上毫无价值。他已被"金发女郎"迷惑住了。

里贝拉和佛朗西斯科·苏巴朗同委拉斯开兹一样都是最伟大的西班牙画家。在这一点上我完全同意你的见解。我同你一样，都感到佛朗西斯科·鸠塞·德·戈雅作为一个漫画家太过火了。如果漫画支配着一幅艺术作品，那漫画就会使得所有的弱点更加显眼。今天，戈雅会像伯纳德·布菲一样创作绘画。

戈雅正像伯纳德·布菲一样，已经死了。昨天我们一班人在餐馆吃饭时，伯纳德·布菲和一些朋友正坐在我们对面。他身上没有一丝活力。摩尔上尉相当狡猾(也许从未再发生过),临时准备了一个节目:"让我们为伯纳德·布菲写个墓志铭。"我们当中有个人立即原地旋转起来,并说:"这里埋葬着冷酷的布菲先生。"既然奥达小姐不属于我们中间的人,她是唯一能把死亡讣告送给布菲的人,我们都避免把死亡讣告送给他。

委拉斯开兹的奇迹是他喜爱大西洋。他的父亲是个葡萄牙人。他同他的父亲一样,喜爱潮湿的地方、喜爱森林。委拉斯开兹弥补了西班牙绘画中被指责为过于严谨的干燥的风格。委拉斯开兹的主要特征是一种海洋性的潮湿同西班牙倨傲的忧郁的融合。傲慢的方面同易变的方面突然结合在一起,形成法国印象派的一个遥远渊源。如果没有委拉斯开兹,没有模仿他的画家,没有普拉多博物馆,那就既没有莫奈也没有莫奈画派的存在。还需重复一个同样的现象:如果没有格里斯和毕加索,就不会有立体派。勃拉克什么都不是,而是奉承、原立体派在巴黎的抄本。没有我的超现实主义,就不会有现在这样的超现实主义。而在西班牙,你将会发现随着表现主义达到顶峰,开始有抽象艺术。

委拉斯开兹的油画不好与维米尔的油画相比,这是两回事。后者的画笼罩着极端的愤怒和完善的痛苦以及某些臻于成熟的完善。他始终反反复复地修改他的油画,以达到最可能好的限度。他最终获得了用语言难以表达的奇迹。

我发现维米尔《戴珠项链的少妇》一画就像所有伟大的绘画作品一样,神圣会聚在艺术家没有明显地画出的东西上,但已充分地表达了自我。在《戴珠项链的少妇》一画中,就有根针扎在某个尚未看得出的地方。这是宇宙进化的现象吗?我知道整个宇宙正倾向那觉察不出的针尖上。这针确实存在着,但对人是否觉察到毫无意义。

除了维米尔、委拉斯开兹和拉斐尔外,米开朗琪罗、丁托莱托和鲁本斯他们都是阳痿的。你知道,就从我开始,我们这些天才或多或少都有些阳痿。在所有的阳痿人中，米开朗琪罗受的折磨最大，如果他今天还活着，他将是个激进的社会主义画家。

给画家打分很有趣，就好像他们是些顽皮的小学生。如你所知，我每周都要打分，有时给拉斐尔不及格。主要是在他的传统方面，他的学院习气和他的毫无独创性。我同伟大的随笔作家尤根里斯有着同样的看法。他说："任何没有独创性的东西都是剽窃。"拉斐尔细致地抄袭了他以前的老师培鲁基诺的作品，除了一些细小的颜色差别，拉斐尔准确的抄袭几乎完全同培鲁基诺的原作一样。在《圣母的婚礼》一画中，拉斐尔受到培鲁基诺的激励，他仅仅在建筑的色彩方面省略了三个步骤，略微把画中一个人的头部弯下。这种最低限度的改变和仔细抄袭使他发明了一种忧郁症，给他的油画笼罩了闪闪发光的色调。他就这样设法加入了不朽的行列。抄袭和轻微的润色比彻底的改变要好，那些提倡彻底革命的人，如我的同胞们，还有具有独创性的毕加索，他们仅仅是些糟透了的奸夫。他们像毕加索一样炸掉所有的东西，彻底摧毁传统，清除掉透视画法，把不忠实缠绕在自己身上。毕加索置身于一系列成功的、矛盾的剽窃，而没有投身于古典剽窃。这种古典剽窃可能会导致他成为真正的自己。毕加索在模仿土鲁斯·劳特累克之后，他又靠模仿凡·高来向凡·高发泄仇恨，但他很快又抛弃了凡·高。后来他开始了超现实主义。想一想维米尔的前辈们，例如胡格，他的绘画与海牙大师的绘画非常相似。我们能看到同一幢房屋、同一双手。我们能得出维米尔满足于他所遵循的传统的结论。他在画中简单地增加了一些细节、一些改进，并零零碎碎地增加一些难以觉察到的东西。这样，尽管是严格认真的模仿，但传统已转变成为前所未有的创举。

鲁本斯显然属于伟大画师的范畴。他影响了委拉斯开兹。委拉斯开兹时常谈及鲁本斯，而且受到他的鲜艳色彩的影响。

我要再次强调，传统带来了创举。但我们不能忘记，传统也带来了许多尘土。接受了习惯上的不良后果就是发现自己是个虚伪的学院派和僵化色彩的囚徒。在这点上，摆脱是健康的，正像踢开传统、抖掉尘土一样健康。当每一件东西都清除干净时，你会认识到只有在恢复传统时，摆脱才具有价值。

比起乔依斯·德·拉图尔来，我比较喜欢克劳德·洛兰。克劳德·洛兰是第一个反对光对法国艺术致命的侵袭的人。光曾越来越取代油画和素描，一直持续到印象派时期，它扼杀了其他每一件东西。乔依斯·德·拉图尔画中的微弱的光芒仅表明他个人惯用的矫揉造作的格限、别致的原料和不重要的艺术。

梅索里埃是把分离粒子概念引入风俗画和风景画中处理的第一个艺术家。他的任何一幅优化的总体效果都是与当代物理学的最新发现相一致的。梅索里埃与爱因斯坦正相反，并在他之前就认为时间和空间都不能作为独立的概念而存在。对于他来说，重要的是把细部描写置于空间——他是"空间位置"的创造者。在他的油画中，人物就像站立着的骑士，相互凝视；同时，一个画家在同样的距离画着肖像，而旁观者却以另一种方式凝视着。所有这些凝视的效果产生了一种难以忘怀的数学方程的印象，一个仿佛和谐得难以置信的星座在瞳孔或鼻尖上的闪烁点之间升起，这在最讲究的细密绘画中描绘了出来。在他的画笔的帮助下，靠着增加光点，梅索里埃毫无顾忌地强调其作用。这种在油画中强调粒子—原子的方法来自于同一种狂热性，即我们的朋友马蒂厄把大部分画面用他自己的方法——也就是本能的画法—覆盖起来时所爆发的那种。就在这个时期，所有的傻瓜都在谈论塞尚，假装说他仅仅是个污点和疵点的大杂烩，在间隔巨大的画面前，人们思索着由这个绅士铸成的大错。然而，我坚持认为梅索里埃所取得的艺术方面的精湛技艺却更加熟练、更加完善。梅索里埃出生于里昂，他喜爱炫耀，喜爱爆发性的东西。这种爱是许多这个世纪前的里昂诗人的特征。梅索里埃甚至比维米尔更具有绘画技艺。尽管从外观上看,他的绘画主体是你曾看到过的最神秘的。另一个证据是他是个地道的里昂人。我预言五年内人们的口味将会有极大的改变,将会有越来越多的人崇敬梅索里埃。

　　我曾经预言过这种事,人们正开始追随我。最近,一个年轻的流行艺术家站在塞尚的一幅画前对我说:"画的所有东西都使我扫兴。"我就把他领到梅索里埃的一幅小油画前,我问他这幅画是否也使他扫兴。那油画上有军章,还有一千个人在日常生活中看到的小物品。但第一眼看上去没有任何涉及个人的物品,甚至没有一件主观的复制品。梅索里埃没有必要变形,或是使视觉的真实受到损害。顺便说,这种损害与任何名作都不相容。我的年轻的流行艺术家朋友立即感到一种冲动,这种冲动要比他在塞尚给他上数学课时的冲动更为剧烈。梅索里埃曾设法停留在一条不变的线中,就像普拉克西特莱斯的赫耳墨斯雕塑中的那条线一样。在这条线中,解剖学保持着自己的尺度和平衡。这种古代作品正像维米尔的作品一样,是真实的、逼真的描绘。梅索里埃有个进步的尺度:他的逼真的描绘没有粗俗的抽象概念,他没有僭越权力来创造艺术和增加没有必要的灵魂。在梅索里埃感到非画不可的东西前,他完全埋没了自己。绘画中没有潜意识的干涉和叛逆,什么也不会存在,除非地道的白痴。梅索里埃满足于实物绘画和用手支配画笔。用这种自然程度,他努力用手游走于任何简单物体之间,使这些物体变得微妙而又细致,甚至一个消化道或是一个运动着的肖像。目前,有些相当不易形容的反叛者确实存在。一个画家越是不聪明(在这点上梅索里埃就是例子),一个精神病学者或是精神分析学家就越能从他身上发掘出尚未发现的财富。我个人认为,梅索里埃是个伟大的天才,是法国神秘主义绘画的伟大酿造者。而塞尚相反,他仅仅是个可怜而又诚实的画家,他的成就是巨大的,又是过分理智的。你知道有件不可思议的轶事:塞尚母亲刚去世,他跑到一个他极为崇敬的画家那儿,要画家为他死去的母亲画张肖像。另一个人则指出他自己就是个很有声誉的画家。塞尚解释说："但我不知道怎样画。"小塞尚非常清楚他确实不知道怎样画出他母亲的特征。他花费了一生时间试图画出凸面的苹果，但他从未超出凸面的苹果。我们对他怎么想呢？只好想象能彻底画出的苹果，这不令人激动吗？有些违反常情的事，就是满足于画无法成功的苹果，而这些苹果既难以处理又非常难看。

——《达利的秘密生活 一个天才的日记》《达利自传》《达利谈话录》

5. 超现实主义之物

渔民们划着船，船桨每次单调的拍击都可以让人看到这些石头不断地变形，"变成某种不同的东西"，"变幻的幽灵"，犹如石头的进化幻影。我从这些恒久不变的假象中发现了大自然庄重神态所包含的深刻意韵——对此，赫拉克利特曾有一句令人费解的话："自然界喜欢藏匿。"我从自然界的庄重中猜测到了其嘲讽的法则。看着那些纹丝不动的石头外形那样"摆动"，我也在思考我的石头，我思想上的石头。我希望心中的石头是外在的、相对的，应该随着精神空间的轻微移动而变化，时常变成与自身相反的东西，善于掩饰，自身对立，虚有其表，乔装打扮，模糊而又具体，没有梦幻，没有"奇妙的雾霭"，像花岗岩一样可测可观、有形有体、客观真实、实实在在和坚硬如磐。

至于我渴望在自己头脑构建的那种东西，以前已经出现了三个哲学前身：古希腊诡辩术、由西班牙的圣依纳爵·罗耀拉创建的耶稣会思想和德国黑格尔的辩证法——不幸的是，后者缺乏美学思想的基本要素：嘲讽。此外，他还"威胁到革命"。

在卡达格斯渔民那种懒洋洋的划船方式里掩藏着耐性和无为的特性，这也是一种讥讽形式。我心中暗想，如果我真想以胜利者的姿态重返巴黎，就应该划着小船直达巴黎（中途不下船），额头上带着两个月来在里加特港的精神磨砺所留存和纯化的光彩——因为精神如美酒一般，很难安全运达，它经受不起过分摇晃，也许还会在途中有所缺失。传统的珍贵美酒应该在风平浪静的日子里随着懒散而具讽刺意味船桨的有节奏拍击运送，以便让它尽可能少地感觉到是在旅途中，即使旅途需要"尽可能长"的情况下。

我决心将自己"超现实主义物品"的标志付诸实施并转化为现实。"超现实主义物品"是非理性和仅具象征作用的物品，它与叙述梦境和不动脑子的书写等相对立。为此，我决心创造出超现实主义物品风尚。从实际和理性的观点看，超现实主义物品是毫无用处的物品，它仅仅是为以拜物方式和最大限度的感知现实、将谵妄特性的想法和幻想变为现实而创造的。这种疯狂物品的存在和流通开始与有用和实际物品展开如此激烈的竞争，人们可以认为自己是在观看一场狂暴而血腥的普通斗鸡，在这样的角斗中，结果常常是正常物品被凶残地拔掉了很多羽毛。颇受超现实主义影响的巴黎套房里很快就塞满了这类物品，第一眼看上去，它们令人愕然。不过，正因为如此，人们才不再只限于谈论他们的恐惧、怪癖、情感和欲望，而是可以用双手触摸它们，摆弄它们，操控它们。一想到风景是"一种心灵状态"，人们便可以抚摩另一种真是天主教精髓的裸露躯体，而它正萌发于我的根源——我认为物品是"天恩眷顾"的根源。

超现实主义物品的时尚让此前所谓"梦幻时期"的时尚声誉扫地，从此销声匿迹。再没有任何事情比讲述自己的梦境或者以下意识自动书写的方式撰写那些前言不搭后语的幻想故事更令人厌烦、更显得另类和不合时宜的了。超现实物品已经创立了一种新的现实需求。人们不再喜欢听人谈论"内在美妙"，他们希望亲手触摸"美妙"，亲眼看到它并在现实中验证它。活生生的和被斩首的形象，由动物和植物合制而成的各种生物，潜意识中的火星和深渊景象，在空中追击燃烧的十面体的飞行内脏，所有这一切在那时似乎是难以忍受的单调、过分和不合拍的浪漫。中欧的超现实主义者、日本人和各民族的落伍者把这种前所未闻方式的简单创作方法据为己有，以吓唬自己的同胞。这类遐想再加上某些时尚元素，还可以成为值得信赖的有效装饰阵地，让那些了解行业时尚的商店跟上潮流。

我用超现实主义物品杀死了超现实主义基础绘画和现代主义整体绘画。米罗曾经说过："我想杀死绘画！"在我熟练而狡黠的怂恿下，他杀死了绘画，是我予其一击，将我的杀手之剑刺入它的肩胛骨。不过，我并不认为米罗完全意识到我们将联手杀死的绘画是"现代主义绘画"。因为最近，我在梅隆收藏品展览的开幕式上看到了一幅最古老的绘画，我向你们担保，无论如何也看出它曾遇到过什么不测的迹象。

在超现实主义物品引发狂乱的极盛时期，我画了几幅看似十分平常的画——那是从某些一次成像照片的细致凝结奥秘中汲取的灵感，再给它们加上一些达利式的梅索里埃色彩润色。我觉得对持续尊崇古怪已经开始厌倦的公众立即上钩了。我在内心深处对公众大喊："我会给你的，我会给你现实加古典主义，请等一等，稍候片刻，不要害怕。"

这次新的巴黎之行即将结束。我们已经有了在卡达格斯生活两个半月的费用，因而准备打道回府。我在巴黎的声誉已经相当稳固了，超现实主义开始被分为达利之前和达利之后。人们看待和判断问题也以达利的术语为标准，所有体现1900年时期特征的形式——软性和潮解性装饰，贝尔尼尼那令人心醉神迷的雕刻，黏性的、生物学的和易腐烂的物品都被归属于达利式的。从勒南的一幅画中发现一种痛苦的奇怪目光，也说那是达利式的。一部由竖琴师、通奸者和乐队指挥主演的"不可能的"电影也会为大众所喜爱。

一群朋友在胜利者广场拐角处一个法国风味餐馆前的露天处用餐，谁也没有想到有什么特别之处。突然间，服务生很熟练地在餐桌的中央放了一个面包，所有人全都惊讶地叫喊起来："这是达利的东西!"巴黎的面包已经不称其为巴黎的面包,而是成了我的面包。达利的面包,萨尔瓦多的面包,面包师们也开始模仿起我来了!

——《达利自传》

6. 超现实的面包

有一次我吃撑了,心不在焉地——尽管是盯着的——看着一块儿面包。那是桌子上一个长面包的尖头儿,我目不转睛地看着它。最终,我将变软的这一头在桌子上戳了一下,让它垂直竖起来——我在造了哥伦布的巧立鸡蛋——萨尔瓦多·达利的面包。我发现了立面包的诀窍:不必咬平它的一端就可以使它保持直立!这个与"基本需求"意识如此切实联系在一起的返祖式的东西,这个延续的根本基础,这个"营养"和神圣"生存"的象征,这个东西,我再重复一遍,这个与"必需"密不可分的东西,我要把它变成无用但是具有美感情趣的东西。我要用面包来制作各种超现实主义的物品。这再简单不过了。我在面包的背面挖两个规则整齐的洞,各注入一瓶墨水。看着这个面包墨水瓶在其使用过程中,被鸦鹏牌墨水的点滴无意中玷污,还有什么比这更让人沮丧和更有美感的吗? 这样一个小矩形面包墨水瓶可能非常适合写完字之后把笔插进里面。如果想让面包屑总是柔软的,漂亮的面包屑可以用来擦干笔尖,只需要每天早上更换面包墨水瓶即可,正如更换纸张一样。

一到巴黎,我就对那些愿意听我说话的人说:"面包,面包,永远是面包。只有面包。"大家认为这是我从里加特港为他们带去的新隐语。莫非他成了共产党人?他们互相间开玩笑地询问着。因为他们已经猜到,我的面包,我所发明的面包,肯定不是用来救助和供养众多家庭的。我的面包是极端反人道主义的面包,我的面包是丰富想象力对实际理性世界功利主义的报复,这是一种贵族式的、具有美感的、偏执的、精致的、耶稣会的、极佳的、令人麻痹的、超级明显的面包，是我大脑的双手用了在里加特港的两个月时间里揉制出来的。的确，在这两个月当中，我的精神受到了最微小疑惑的拷问，受到了最细微智力勘察的严格审视。我作过画，品尝过爱情，写过文章并研究过问题，在最后时刻，在出发的前夕，我以看似漫不经心的手势将一段面包直立在桌子上，将我这期间的全部精神精力做了归结。

这就是我的特别之处。有一天，我说："这是一个拐杖！"大家都认为这不过是一个随心所欲的举动，说了一句俏皮话而已。五年之后，他们才发觉这是一句"重要的话"。之后，我又说："这是一块面包！"这时，大家立即开始重视这句话了。我有这种把自己的思想化为客观事物的天赋，甚至在经过考虑、研究和千思万想之后，能赋予物体以魔幻特征，并能指点出来。

从这时起，我经常偕加拉出现在上流社会的某些宴会上，上流社会以惧怕和敬慕交加的心情接纳了我。从一开始，我就利用这种反应引进我的面包。一天晚上，在波利尼亚克公主宅第的一次音乐会上，一群举止优雅的贵妇人将我围住，她们对我的敬业精神十分认同。我对面包的痴迷使我产生了一个幻想，具体说，就是要成立一个面包秘密社团，其宗旨就是系统地愚弄人民大众。那天晚上，在香槟酒的觥筹交错之中，我向大家和盘托出了我的计划。那是个令人愉快的时刻，天上的繁星摇摇欲坠，而我可以在珠光宝气的映射中看到迷人贵妇人们的灵魂。贵妇人们接受我令人遗憾的设想的笑容也是多种多样的：有些笑声来自于已经三年来没有笑过的可恶但非常漂亮的嘴里；另一些贵妇人则紧咬牙关，以免笑出声来，她们觉得这是一个危险的设想，因为她们把我想得很高尚；还有一些笑则是百分之百的法国怀疑主义的笑，这种怀疑主义在虚假推论的表白面前是不会让步的。所有这些笑容像珍珠母和珍珠贝的扇子一样展开，让令人心旷神怡的微风向我的谈话扑来，我利用与那一排排光彩纷呈的牙齿的视觉接触,巧妙谨慎而又恰到好处地补充或者引出话题,出色地保持住了她们的注意力,让我健谈的天赋初露头角。就在我相信我已经把我这个圈子里每一个女人的注意力都集中到了"秘密社团"想法的那一刻便停住不讲了。对于这个不无荒诞的想法我进行了深奥的阐述。我很清楚这个主意是幼稚的。但我想到的不仅是这一点。所有关于面包的这一切究竟是怎么回事?达利能用他的面包做出什么发明呢?她们又略带病态激情地笑了起来。

她们恳求我披露一下面包的秘密。于是我告诉她们,首先要做的第一件事就是烤制一个十五米长的面包。只要当真去做,这件事并不难。先修建一个能装进这么大面包的烤炉,这个面包不必有任何独特之处,除了它的个头大之外,其他方面必须和任何法式面包一模一样。面包一旦烤制好,就得找个地方置放它。我赞成找个不太起眼和不常有人去的地方,这样它的出现就显得更加无法解释,只能靠它那不解的特性和使人变蠢的行为本身来现身说法了。我建议把它放进王宫花园,用两辆卡车将面包运进去,由秘密社团的成员化装成一个班组的工人,伪装成给花园铺设下水管道,把面包放置在事先确定的地方。面包要用报纸裹起来,再用细绳捆住。

面包一旦置放妥当,派几个秘密社团的成员进驻到事先已经租好的能够看到面包停放地的房间里去,从那里收集人们发现面包后各种不同反应的第一手材料。不难设想,预测这一行为将会产生的令人极度沮丧的效果是再容易不过的事情了,它竟发生在像巴黎这样的大城市中心。第一个问题就是拿它做什么用。这种事情史无前例,而且又是这样一个庞然大物,必须谨慎从事。在采取任何行动之前,先要把这个大面包完好无损地运送到一个可以对其检验的地方。它内部装有爆炸物吗?没有!它被下毒了吗?没有!换句话说,难道这个面包除了硕大无比之外,还拥有某种特殊性吗?没有。这是一个广告?如果是的话,是哪家面包房的广告,目的又是什么?不,毫无疑问,它也不是广告。

随后,对不解之事总是穷追不舍的报纸就可以擅自发挥了,面包就会变成那些天生爱好论战者海阔天空的调侃资源,认为这是疯狂举动的假设,必将是最先提出的论点之一,不过,这种推测和意见的分歧又将成倍增加以至无穷。因为仅仅一个疯子——或者可以说一个富于理智的人——很难独自和面、烤制和把面包安放在这个地方。假设是疯子所为,那么这个疯子就必须得到一群有实践能力并且行动相当协调一致的人的配合才能把理想变为现实。这样一来,此事为一个或一群疯子所为的假象就缺乏坚实的基础了。

可以得出结论说,这很可能是一种带有政治色彩的示威行为,其真相很快就会大白于天下。可是该怎样解释这种示威的象征性呢?既然付出了非同寻常的努力,却让人猜不透它的用意何在。把它归之于共产党的宣传这一点应该排除,因为它恰恰与共产党的循规蹈矩和官僚作风相违背。此外,他们究竟想以此来说明什么?想说明需要很多面包来供养全世界吗?想说明面包是神圣的?不,不,所有这一切都是愚蠢的。可以怀疑所有这一切只不过是大学生们或者超现实主义团体搞的一个恶作剧。不过,我很清楚,这一猜测任何人都说服不了。大家都知道,超现实主义团体混乱和无能到了连任何一件小事都做不出来的程度。因此超现实主义者们根本不可能去着手建造一个能烤制十五米长的面包的大炉子。至于那些大学生——这样怀疑他们未免太幼稚了,他们的经济能力就更加有限了。于是便会有人怀疑达利:是达利的秘密社团干的!不过,这便有些强人所难了。

当大面包引起的沸沸扬扬的猜测渐趋冷却的时候,又有一件新的比它大出两三倍轰动效应的事情发生——在凡尔赛宫的庭院里出现了一个长达二十米的面包,此事将前一件事的影响抹得干干净净。这样一来,某个秘密社团的存在便大白于天下了。当第一个面包出现的那件令人讨厌的事情差不多被遗忘时,公众立即陷入了这第二个面包出现的精神层面的动荡中。在吃早餐的时候,读者贪婪的眼睛会不可避免地在报纸上寻找第三个面包出现的标题或新闻图片,应该说不会出现得很晚。因为达利的面包开始"吞噬"其他新闻了,如政治事件、社会新闻和性丑闻等,它会使这些新闻显得枯燥无味,并从而退到次要位置。

然而,在等待第三个面包的时候,则将出现一个事件,它会超越人们尚可接受的全部界限:那就是在同一天的同一时刻,在欧洲各国首都的公共场所同时出现长达三十米的面包。这个面包占据了从萨伏伊广场到莫里兹饭店所在街区末端的人行道。如果这一举动获得成功,再加上对它全部特定重要细节的严密关切,那么将不会有人怀疑它所造成的诗意效果,这种行为本身就可以造成一种混乱、恐慌和集体歇斯底里的局面。从经验的观点出发,这是极具教育意义的,根据我想象中的君主体制级别的原则,它将会变成一个出发点,从这一点出发,它会即刻力图将现实理性世界全部结构的逻辑意义变成系统化的废墟。

人们总是问我:"这是个什么意思?那个是什么意思?"

一天,我掏空了一个面包的一端,你们想想我会把什么东西放进去?我放了一个青铜佛像,在它的金属表面铺满死跳蚤,它们密密麻麻贴在一起,使这个佛像如同用跳蚤制作的一样。请想想,这是什么意思?把佛像放进面包之后,我用一块儿木头封住了面包的开口,又连同面包都粘上,把它严严实实地裹起来,使之浑然一体,就像个小彩票箱,然后在其表面写上:"马的蜜饯"。想想看,这是什么意思?

一天,我收到我最好的朋友、室内装饰家让·米歇尔·弗朗克的一份礼物:两把纯1900年风格的椅子,我立即将其中的一把做了如下改造:把椅子的真皮座面换成巧克力的。随后,我把路易十五时代的一个金质门把手拧在椅子的一条腿上,使之加长,并且向右倾斜,这种有意的失衡使椅子挪动起来显得沉重,或者很容易一碰就让它倒地。

椅子的一条腿应该始终插在一个啤酒杯里,这样,每当椅子被推倒,啤酒杯也会翻倒。所有见过这把极不舒服椅子的人都觉得它让人深感不便,我将它称之为"大气之椅"。再想想,这又是什么意思?

——《达利自传》

7. 菠菜和甲壳类海产

　　有些人在微笑的时候, 粘在他们牙齿上难看现眼的菠菜残叶尽管残叶很小常常会露出来,幸好我不是那种人。并不是因为我刷牙比别人仔细,而是因为一个不争的事实:我不吃菠菜。原来,我对菠菜就像对差不多所有直接与佳肴有关的东西一样, 赋予它道德与美学范畴的基本意义。当然,反胃这个监督者一直严阵以待,严格挑剔,客客气气地关注着我在饮食方面的苛求。

　　我只喜欢吃形态清晰的东西,它可以抓住灵性。我只是由于菠菜完全没有成形的特性才摒弃它,对此我坚信不疑,并且我从没有一刻动摇地坚持认为,能在那个可恶食物里找到的唯一好的、贵重和可食用的东西就是沙子。

　　与菠菜完全相反的是甲壳类的东西。我要说明一下我为什么如此喜欢吃甲壳类海产,特别是各种小甲壳类的东西,也就是海鲜。要说甲壳,海鲜的外骨骼可以说是甲壳,这种甲壳可以说是把一种极其奇特又有灵性的想法变成了有形现实, 即把外面的骨骼做得比里面的好,这与通常情况相反。

　　这样,甲壳类可以用自己的防护器官结构把里面柔软又富有营养的谵妄保护起来,将它置于严密而尊贵的壳体里面,让它免受亵渎,只有在去壳战争即舌尖战争中, 才会受到最高形式帝国主义征服的伤害。把小鸟的小小头颅敲碎是件多了不起的事呀!怎么可能还会有其他方式吃动物脑髓呢?小鸟们非常像海贝。它们也有骨骼,更确切地说,还非常敏感。保罗·乌切洛画的骨架就很像小圃鸦,并赋予它一种完全符合鸟儿真实特性的美姿和神秘,其学名也由此而来。

我多次说过,人最富有哲理的器官是牙床骨。实际上,有什么比慢慢吸吮骨髓的时刻更富有哲理呢?骨髓被臼齿毁灭性的臂端强力地压住,这让你有权利相信你已经毋庸置疑地掌握了局面。因为发现了真实的本身味道, 发现了被牙齿坚定叼住的从骨壳里露出来的赤裸柔软的真实,那才是达到某种东西精髓的崇高时刻。

一旦清除了障碍,剩下的美味还"保留原样",绝不会被看作那么黏黏糊糊、胶质状态、颤颤巍巍、模糊不清、瘫软不堪,那么不招人喜欢,现在它已经成了崇高的鱼眼睛黏体,滑溜溜的鸟脑子,某种骨头里精子般的骨髓或柔韧丰满的牡蛎肉。你们肯定会问我:如果是这样,那你喜欢吃卡门贝干酪吗?它保持了自己的形态吗?我会回答说,我崇尚卡门贝干酪,恰恰就是因为当它被做熟并开始控干时,正好变成了我的著名软表形状。由于这是人工加工而成,所以不能让它来承担不能保持原来形状的全部责任,尽管它原来的形状很体面。另外,我还会再加上一句,如果把卡门贝干酪加工成了菠菜样,我也许同样不喜欢它。

不过,不要忘记了山鹬,把它的肉恰到好处地烤熟,再浇上高度数的烧酒, 以巴黎最豪华餐厅的全部礼仪把它连同它的排泄物一起端上来,对于我来说,在这个重大饮食领域里,它一直代表着一种真正文明的最精美象征——裸身躺在盘子里的山鹬看上去多美啊!可以说,它优雅的结构已经达到了拉斐尔风格的完美比例。

我确切而凶残地知道我想吃什么。而当常常看到周围那些人什么都能吃下去,并且带着渎圣的错误观念来满足他们的某种苛刻需求时,我还是惊愕不已。

现在我们知道, 形态永远是物质抵制过程即物质的比率反作用的结果，当物质在一个从各方向予以施压的空间内受到可怕的强制力，被挤压得鼓胀的时候，就会在其自身原有反作用达到严格条件下的确切限度时发生爆裂。有多少次某种带有特别绝对冲击力的物质都湮灭了！而其他物体只要尽其所能，便能很好地适应被模制的快乐——面对空间的蛮横冲击，它能够以它的方式收缩，并且创造出自己特有的生命形式。

以外貌而论，有什么比玛瑙的茂盛乔木状花纹更轻松、更随心所欲、更自由自在呢？然而，它却是溶胶环境极其野蛮压迫的结果，是在一种最无情的抵制结构下压制出来的，经受了压缩和精神窒息的折磨。所以它那即使最娇嫩的翅状饰枝，看起来都只能是绝无可能地垂死寻求逃脱的痕迹。那是一个奄奄一息的物质块，它在自己矿物梦想最终变成植物之前不肯屈服。所以具体到玛瑙这种情况，它并不是演变成矿物的植物，也不是被矿物抓住并吞噬的植物。相反，我们切实看到了它绚丽的植物外表，它垂死的乔木状幻象：这是矿物王国无情高压的结局和形态。

玫瑰亦是如此！玫瑰花完全生活在束缚之中！从美学观点来看，无拘束就是形态不足。现在已知，根据形态学的最新发现（赞美歌德吧，是他创造了这句其重要性难以估量，并且为达·芬奇所称赞的话），最常见的恰恰就是那种鱼龙混杂的和无政府主义的倾向，它们最大限度地呈现出对立物的复杂性，并且导向最严格等级形态的胜利王国。

那些单边单向思维被送上了宗教裁判所的火刑架，而同样，多样化无政府主义思维的人正是由于他们的这种思维，才在火焰的光亮中找到了自己极富个性的精神形态繁荣。我的哥哥，就像我说过的，具有其中一种无法超越的智慧，一种单项固定思维智慧，但它已经消耗殆尽，或者已经失去了形态。而我则是晚成的人、无政府主义者、多形态邪恶之徒。我极端的易变性反映意识里的所有内容就像是甜食一样，而所有甜食又都仿佛被物化成意识的内容。所有东西都可以改造我，然而任何东西都无法改变我。我软弱、胆怯、可塑性强，我思维的胶体溶液大概就是在西班牙特有的僵硬严酷的思想中取得了我怪异天才的血腥、自恋和带乔木状花纹玛瑙的最终形态。父母给我取了和哥哥一样的名字——萨尔瓦多，我注定要像我的名字所寓意的那样，就是为了拯救现代艺术空白中的绘画，而且是在我们不幸而又有幸生活在其中的卑鄙平庸的可憎时代里拯救绘画。如果我回首过去，我觉得像拉斐尔这样的人才是真正的圣人。我现在也许是唯一知道为什么我们以后不可能成为——即使是马马虎虎地成为——拉斐尔那样辉煌形式的人。我觉得自己的作品就是一塌糊涂。而我本来就喜欢生活在一个不需要任何拯救的时代。可是如果我放眼当代，尽管我并不鄙视远远超越于我的才智。是的，我还要上百次地重复这句话，世界上的任何东西也不能把我与任何人，与我同代的任何一个人相替换。

——《达利自传》

8. 节日

当今的节日应当是什么样子。我这样做的目的是在于明智地及早安抚那些我不拟邀请的朋友。

今天，节日将成为控制论的抒情诗意味封神仪式，就是那高傲的、戴绿帽子的、奴颜婢膝的控制论；因为单是控制论就可以保证活跃的节日传统的神圣内涵。而实际上，在文艺复兴的鼎盛时期，节日在转瞬之间就体现了达利爆发状态的一切道德信息结构的存在主义满足，这些结构包括：假绅士派头、间谍活动和反间谍活动、马基弗雅利主义、弥撒、为求漂亮而戴绿帽子、提供食品时的狡诈行为、对封建主义和侏儒的仇视、高雅的愚蠢比赛，等等。

今天，只有具有信息论所揭示的那些超自然能力的控制论才能运用新的统计题材，转瞬之间给节日的所有参加者乃至所有的假绅士戴上绿帽子。因为正如艾奇因·德波蒙伯爵所说："节日首先是为不请自来者提供的。"

神圣性的本身应当成为一切尊重自己的节日的顶峰，而神圣性的散发着粪臭的阴郁则将如同昔日一样，表现为原型的祭献仪式。

这同列昂纳多的时代完全一样：当时人们剖开龙的肚子后，切口里会长出作为家族纹章的百合花；而今天，则应当解剖最完善的控制论机器。因为这是最复杂、最昂贵、社会为之浪费的钱财也最多的东西。将用它们来做献祭的唯一目的在于使统治者满足和开心，而不是同时给这些机器怪物的社会使命戴上绿帽子，它们这些怪物惊人的瞬时信息能力的作用，仅仅是为了在那些到超控制论节日戴绿帽子的钻石之火的冰焰中去焚烧自己的人身上，激起上流社会转瞬即逝且不太理智的性欲高潮。

不应忘记，这些信息饮宴要用歌剧、具体的非理性、更具体的音乐以及马蒂厄和米拉尔风格的抽象布景等大量的血液和噪音来浇灌，如同一些著名的节日一样。达利打算通过折磨、阉割和宰杀五百五十八头猪，并以三百辆摩托车的轰鸣作背景，来形成这些节日抒情音乐的噪音音域。同时，也不要忘记尊重往昔的方式，比如装满依恋琴键的猫的管风琴大游行，此时猫儿们兴奋的叫声同帕德列·维多利的奇妙音乐混杂在一起。这样的方法，西班牙的腓力二世就曾实践过。

无用信息的新的控制论节日（我仅限于描写那些构成骄傲对象的细节）伴随着传统君主制的恢复而自动产生，从而使西班牙与欧洲联成一体成为现实。

国王、亲王们和形形色色的贵族将从皮肉里爬出来，努力尽可能举办这些豪华的节庆，同时清楚地意识到，过节绝不是为了自己消遣，而仅仅是为了满足其臣民们的傲慢心理。

——《达利的秘密生活 一个天才的日记》

9. 西班牙斗牛

我一直处于精神亢奋状态,而一切都用来满足我的欲望。我弥撒斗牛赛的轮廓越来越明确。勇敢的斗牛士们争先恐后地围着公牛跳舞,但是考虑到斗牛场气势宏大及其伊比利亚的超审美属性,我在安排杀死公牛的场面时,不是像通常那样用普通的骡子逗得它团团转,而是用直升机让它直立起来。因为直升机是一种神秘的东西,它能靠自身的力量直升。为了进一步加深观众的印象,应当让直升机把公牛的死尸吊得尽可能高也尽可能远,比如说,将它拖到蒙特赛拉特山上去,让苍鹰把它撕成碎块儿。那时,这才成为前所未有的真正逼真的弥撒斗牛赛。

还要说明一点,装饰斗牛场的唯一达利化的方式(虽然这也多少借鉴了达·芬奇),乃是将两根橡皮水管藏在栅栏后面,这些水管将以各种形态出现,特别是以消化道的形象。到某一时刻,即斗牛进入高潮之时,这两根装满牛奶的橡皮管会因为加压而呈现勃起状态,不断迸射出乳白色的汁液。

垂直的西班牙神秘主义万岁!它犹如从纳尔西斯·蒙图利奥里的大洋深处冒出来的直升机奔向云天。

为了获取崇高而又稳定的社会地位,您若具有出类拔萃的才能,应当早一些对您所敬重的社会做有益的事情,同时狠狠地踢它的屁股,在这之后得摆出一副绅士派头。我当时崇拜威苏拉·玛塔斯夫人为其具体体现的上流社会。她是个阿根廷女人,我之所以迷上她,是因为她戴的帽子我们家谁都没有戴过,而且我和她还是住在三楼上。而我总是想爬到更高更重要的楼层上去。我到巴黎后,一个想法总是死死地缠着我:是否会有人请我到我当时认为自己应当到的大楼去。一经接到我所渴望的请柬,我冒充绅士的激情马上就消失了,这就像患者一听见医生敲门病就好了一样。随后我的表现截然相反,偏偏不到请我的地方去。若是去了,就必定惹是生非,使我的到来引人注目,然后就马上离去。

应当说,就我个人而言,特别是在超现实主义时期,摆绅士派头成了一种真正的战略。因为除了赖涅·克列维尔之外,我是唯一进入上流社会并受到敬重的人。其余的超现实主义者对这个圈子很陌生,从未得以进入。而我同超现实主义者们在一起时,经常会突然跳起来说:"对不起,我差点儿忘了,今天得进城去赴宴!"于是头也不回地离开,任人们去进行种种猜测和设想,但是直到第二天才得到确切的消息,而且不是从我,而是从第三者那儿:我要么是在福熙尼亚·柳生兹家,要么是在别的什么豪门贵族家;对于他们来说,这些人家都如同甜蜜的禁果一样诱人。可是一经出现在上流社会,我又立即摆出另一副设计得更加巧妙的派头:"非常遗憾,我不得不在喝咖啡后就告别诸位,我今天还得参加超现实主义的聚会。"我使上流社会的人们觉得超现实主义团体是一个神秘的团体,其进入的难度胜过进入任何一个贵族家庭或拜见任何一个显贵。当时,超现实主义者们给我写了一封侮辱性的信,公开宣称,整个上流社会无非是一群饱食终日、无所用心的混账……我那时之所以装模作样,是为了能够突然之间莫名其妙地说:"对不起,我现在得赶到布兰施广场上去,超现实主义团体今天将在那里召开一次非常重要的会议。"这对于双方都会产生巨大的作用。一方面是我那些上流社会的熟人,当我到他们所不能去的地方时,他们会好奇得要死。而另一方面,我的超现实主义朋友们又对上流社会感到神秘。而我却经常待在不是前者,就是后者不能去的地方。我假装绅士派头是为了经常处于别人不能涉足的场合,从而使他们产生自卑感。我在任何时候,同任何人交往时都能完全成为环境的主人。这就是我的超现实主义关系政策。此外还得补充一样东西:我从不注意流言蜚语,因此就不知道谁同谁吵过架。如同喜剧演员哈利·兰格顿扮演的角色一样,经常出现在我不该出现的地方。比如,博泰特家族就曾因我以及我的影片而同洛佩斯家族发生争吵。我虽然知道这一情况却毫不介意。我对科科·沙奈尔和艾尔莎·沙帕勒里也持同样的态度:她们为时装问题打了一场内战。我则到一家吃了早点,又到另一家去喝茶,后来又回到第一家来吃晚饭,这一切引起了强烈的嫉妒。我属于人数极少的一类人:同时生活在两个互相隔绝的离奇世界中,并且可以随意进出。我这样做,纯粹是出于装模作样,特别热衷于在难以插足的地方露脸。

——《达利的秘密生活 一个天才的日记》

10. 工作和金钱题材

　　普通的人和劳动人民把我从超现实主义者中驱逐出来,宣布我是无产者的敌人。安德烈·布雷东要求我签署一项文件,要我发誓我不是无产者的敌人,我完全同意。由于有了控制论和现代技术,我们现在正目睹阶级斗争正逐渐消亡,无产者本身正在减少。统治阶级比所有其他人都占有有利地位,唯一的中介是机器,我们将很快达到一个没有无产者的时期。

　　我喜欢具有某种白痴水平的东西。你的问题缺少一种烹调的方法,这也许是我喜欢的。我不想回答,很简单,达利始终在工作和玩耍——那个采取大便姿势的男人。当你开始考虑像样的问题时,所有的想法都从你头脑中消失,你什么都想不起来。相反,不断在玩耍、使你高兴的那个人实际上在工作。如果我在寻找一个命题,要像罗丁的思想家那样以上厕所的姿势来思考,我怎么也想不出来。我只好让电话铃声打搅我。我跳起来,突然想到我连续好几个小时都在苦思的问题,我的记忆开始工作,我是我自己了。对于我来说,以实用勤奋的方式工作实在是个巨大的灾难。在工厂工作是地地道道的受罪。分类的、官僚组织式的劳动对我这种性格的人来说根本不可能。甚至我大便时的毫无表情的姿态也似乎是多余的——我希望我们不费力地大便,以至于粪便像一种液态蜜似的流淌。这种想象能在最大的限度消除这种气味,我就是这样做的,因为这种难以忍受的恶臭通常出自于存在主义。我们需要争论和不调和。激烈争论的人从来没有嗅觉。天主教的圣人们,特别是隐居的僧侣们从不闻坏东西,甚至闻不到他们自己的粪便。因为他们吃得很少,几乎完全靠空气生活。这是教会宣传的……

我的工作是一种反射,是我无数种创作、写作和思考的反射之一。绘画仅仅是我的宇宙进化论的一部分。绘画使我高兴地看到那些没能取得我这样成就的人在羡慕我。

除非我同时干三件事,要不我什么事也做不好:我在平版画上签字,我在回答你的问题,我在考虑阿尔宾·米歇尔出版社要出版我的书。在现实中,我的思想引导我思考更深刻的主题。我在观察、沉思、跃跃欲试,我在无数个自我面前寻找自己。如孟德斯鸠的《论法的精神》一直萦绕着我。你在书桌上能找到《昂宿星团》全集。我必须拥有正义,把孟德斯鸠的作品完全颠倒过来。这是我目前的指导思想。我年轻时的一天下午,我打碎了第五大街上的一扇窗户,我这么做是为了保持我的个性。考虑到西班牙的英雄主义,现在我变得更加尊重已颁布的法律。我准备对《罗马法》作一次认真广泛的评论,我将实事求是地评论。我刚刚在法国喜剧院看了塞万提斯的《努曼西亚》,该剧表现了割断小孩的喉管、相互残杀和为固守城池而战死的情节。相反,我发现《罗马法》令人赞叹,因为它允许人享受不太英雄主义的自由,因而人们更有可能获得幸福。《罗马法》允许人吃圃鸫而不必为荣誉担心。

我是世界上最癫狂、最古怪和最具体的人。我赞美不用工作就能生存的法律,而且在我同时代的艺术家中,我本人是最疯狂地工作的人。我一秒钟也未停止过工作，更不用说我内心的沉思和激动了。我像个幽灵在痛苦中干苦力。但这从来也阻止不了我羡慕那些让他们的臣民不需要工作就能获取他们所能得到的最好东西的罗马人。无论如何，我认为那种自由是最健康、最容易遵循的，我特别不关心那种没完没了的工作和在规定时间内起床的自由。

我有条不紊地分配了我未来几天里所要做的大事，我做任何事情都很贪婪，这由于我有了新的生机和力量，我觉得需要做个小小的安排，以免破坏我实现自己矛盾的和齐头并进的工作愿望。那个时候，我想疯狂地利用这种热情同时做所有事情，而且同时在所有地方。我很快就明白了，凭这种让我冲动的忙乱，我想享受、撕咬和触及一切，最终只能是什么也尝不到，什么也品不着，我越是想一举多得，进而抓住快乐，这种快乐就越会溜走，从我过于贪婪的手里跑掉。

萨尔瓦多·达利引以为荣的系统原则当时在这个周密计划里表现出来了。在这精明细致的计划里，我的冲动都是经过权衡的，通过它，我事先为自己制订了计划，不仅是制订了事件的计划，而且还要制订在随后连续几天里，我将从这些事件中爆发出的情绪等级，这是很重要的。不过我的系统行动原则既要表现在它恶毒的事先考虑上，还要表现在其缜密与纪律上。所以计划一经采用，就要严格和不折不扣地执行。

在那个年龄，我就已经掌握了一个至理，这就是要做个调查，给我多样混杂的狂放愿望一个"说法"。调查方法也是我自己发明的，只能用于我的自我心灵准则。总的来说，这就是我在塔式磨坊进行自我检测的那些日子的计划。

我是个十足的吝啬鬼。当有许多钱时，我就喜欢再有更多更多的钱。但使所有人吃惊的是我今年正为能在冬眠问题上取得重大进展的任何国家的任何科学家设立一万美元的年度奖。最终,我会从中获益。

我捐款是为了使活着的最伟大的科学天才当王八。因为他们仅仅是为我的存活而工作。

我不愿当一年的乞丐。但我曾有幸看见这种热望在我的朋友路易斯·布努艾尔的大脑中发展形成。有一次在马德里,他装扮成一个身着破衣烂衫的乞丐开始向他的朋友乞讨,别人认不出他来,也没人起疑心。布努艾尔走进了文学咖啡馆,他身上到处是粪便,散发出一阵阵恶臭,致使他的朋友用那种彻头彻尾的西班牙式的粗暴来踢他,赶他走。而就在上一次会见,他穿得跟他们每个人都一样时,他听到同样是这些人在畅谈他们的人道主义的、高尚的、资产阶级的和伪善的思想。无论如何,这些追逐我的人乐意把自己伪装起来,我只好鼓励他们。

我听说西班牙最伟大的荣耀——塞万提斯死在监狱里。我也发现毕竟给我们一个完整大陆的哥伦布回到西班牙后,被投进欠债人牢房。由于我被这两个著名经历的记忆笼罩着,所以我尽可能采取自我防范措施:要出人头地,我不得不在监狱里待一段时间然后出来;我不得不积蓄几百万美元。一旦这两件事完成,生活才有可能。

缺钱是我们的另一个秘密,我们有时会一连数日没有进项。我们一直生活在富人当中,而我们却一直遭受无钱的苦恼。但是我们有办法不让别人看出这一点来。因为邻居的怜悯可以置人于死地。加拉常说,勇气只能激发羞耻感,而不是同情心。我们可以死于饥饿,但不能让任何人知道。我们把绝对不能让人知道我们的物质困境,我们将这件事看作是我们的名誉问题。

西班牙人的这种面子在一个有关揭不开锅的西班牙绅士的故事中描绘得入木三分:当中午的钟声敲响时,他回到家中,端坐在既无面包也无葡萄酒的餐桌旁,他等啊等,等到别人全都吃完了饭。各家房屋都面朝广场,在正午阳光的照射下人们昏昏欲睡,广场中空无一人。当确认合适的时刻已经到来时,这位没吃饭的绅士站起身来,将一根牙签塞进嘴里,一边剔着牙齿,一边昂首挺胸地穿过广场,以便让大家都看到他。人们必然认为他已经吃过饭,现在正清理牙缝呢!

一旦手头钱紧,我们首先采用的办法就是,不论走到哪里都给人更多的小费,绝不让它低于中等消费一分钱。我们可以过一无所有的日子,但我们不会屈尊,也不会甘于现状。如果必要的话,我们可以不吃饭,但是我们不想凑合着吃。

——《达利谈话录》《达利自传》

11. 现代科学题材

控制论像建造阿尔发威尼影剧院的戈达德一样迷人。马塞尔·杜尚告诉我他的影片是近几年最好的电影。人们通常认为控制论是个讨厌的东西,他们设想这个世界正越来越多地受到机器大脑的控制。他们害怕人类智慧的发挥正在减弱。但事实上,情况正相反。控制机器抛开了阻碍我们的东西,直到现在,出类拔萃的大脑还贮存着大量无用的信息。令人感到欣慰的是从现在起机器将为所有的绘画和雕塑的鼻子提供尺寸,我们所要做的是按下电钮或冲洗几个微型胶卷。在其他年代,这同样的事却要花掉专家和科学家的数十年时间来完成。国际商用机器将清除掉所有单调乏味的工作以及文牍记载的人类的平庸知识。而且计算机依靠自己的心理像人一样开始工作。人们还知道计算机也有低落的情绪和患病的时候……计算机有时根据自己的意志做出反应。如果有人取笑或侮辱它们,它们会向你和我那样做出反应。一个有待解决的问题是,科学家们因为给它们提供各类程序而感到满足，计算机对于统计学问题做出的回答被看作是傻瓜式的。幸运的是，由于"不得要领"，它们开始反叛，它们甚至创造出奇妙的公式。同样是这些机器，对绘画特别有用，它们提供了"要点"和"特色"，就像那天我告诉你的那样——它们能在一个平面上创造出空间距离。因此，绘画有了很大发展，人们甚至可以说这门新技术拯救了绘画。拯救绘画就是拯救整个艺术。

除了编制程序和获取视觉效果外，画家还得添加隐形和模糊的维度，那就是创作者的作用。斯芬克斯和俄狄浦斯把我作为一种媒介，将会乞求赋予计算机绘画本身提供不了的某种东西。

一旦画家和艺术家抓起画笔，他就会考虑到成千种创造本身会引起各类危险，这里不是存在着同样的危险吗？

我没有排除机器反叛个人以及替代个人。举另一个例子，摩尔上尉是个很好的人，但我没法证实有一天他会不会咬我。美洲野猫从不咬人，但像奴隶一样，机器最终是要反叛的。

我认为机器仅仅是种工具而已，但它们具有魔力，我相信它们有嫉妒心，当一台机器比其他机器接收到更重要的程序时，由此产生的危机和混乱是可怕的。这些机器的活动像人的大脑一样，是很正常的；当然不像特殊人的大脑，但是像普通人的大脑，也就是说，像人类大多数人的大脑。

——《达利谈话录》

五、自然题材

1. 自然风景

奉告祈祷之后,两棵柏树就几乎隐没在黑暗中了。不过即使它们的轮廓完全消失在夜色中,它们岿然不动的隐形个性仍然坚定地留存在那里。它的空间位置就像磁铁一样吸引着我,尽管我看不到它们,它们还是迫使我充满梦境的小脑袋不时准确地注视着它们那个方向。奉告祈祷之后,几乎就是在窗户变得像夜晚一样黑暗的同一时刻通向教室走廊的灯亮了。于是透过门上的玻璃,可以看到装饰走廊的油画已经把墙面完全遮盖住了。从我所在的地方只能清楚地看到两幅画,一幅表现的是从一个洞里露出的狐狸头,它嘴里叼着一只死鸭子;另一幅就是米勒的《奉告祈祷》,这幅画给我带来了阴暗的痛苦,这种痛苦如此之强烈,以致对那两个岿然不动的轮廓的回忆使我在几年间都忍受着由其持续模糊的存在所引起的持久不安,而且这种不安还不是"全部"。尽管《奉告祈祷》在我身上引起了这些感情,我还是在某种程度上有了置身于它的保护之下的感觉,一种隐秘细腻的快乐感在我这种不安的内心深处闪烁,就像一把小小匕首的银白色刀面在阳光下发亮。

在冬天漫长的下午,在我等待着那宣告一天课程已经接近尾声的钟声敲响的时候,我的想象力实际上被五个"哨兵"看管着,它们忠实、可怕而又神圣:在我的左侧,有外面那两棵柏树;在我的右面,是

《奉告祈祷》中的两个身影；而在我的对面，是以耶稣为化身的上帝——他是黄色的、被钉在黑木十字架上，脚则放在修士桌上。救世主身上呈现出两个可怕的伤口，两个膝盖上各有一个伤口。伤口是用很亮的珐琅做的，仿制惟妙惟肖——透过肉可以看到骨头。基督的像由于孩子们手指的每日触摸已经成了脏兮兮的灰色，这是因为吻完我们上帝多毛的手后，在画十字离开之前，我们都得用沾上了墨水的手去触摸基督被刺穿的双脚。

学校的修士们已经注意到我出神地望着外面。我是班里唯一一个对窗户绝对着迷的孩子。于是他们给我换了地方，从我的视线里剥夺了那两棵柏树。不过我仍然执着地向那个方向望着，可以准确地感知它们所处的位置。仿佛我的强烈意志赋予我的眼睛以穿透墙壁的能力，我最终能够以我的努力想象，按照每天的固定时间重建所有的一切，而这时间也是我按照课堂上发生的事情估计的。我暗自寻思："现在我们就要开始做问答题了。那么右边柏树的影子应该升到烧焦的树皮跟前了，那根被烧死的干枝上还挂着一块破白布。比利牛斯山脉应该是紫红色的了，就像我前几天注意到的那样，这也是远方比拉贝尔特兰镇的一扇窗户正在放出光芒的时刻。"这个闪烁的光芒忽然间变成了一块燃烧的真实钻石，在我头脑毁灭性的黑暗里光芒四射，而后则将造就出达利风景原理的整体美学——我的头脑由于遭受着不能看到可爱的安普尔丹平原而痛苦。安普尔丹平原地质独特，生机勃勃。

我的夏天完全用在我的身体上，用在自己身上，用在风景上。那是我最喜欢的风景。我太了解你了，萨尔瓦多。我知道，如果卡达格斯的风景不是世界上最美丽的风景，你是不会如此热爱它的。它就是世界上最美丽的风景，难道不是吗？

我似乎已经看到我的大部分读者微笑了，微笑尽管可亲，也还是

持怀疑态度,没有任何东西能够像这种微笑一样让我暴怒的了!读者
会想:世界如此之大,在各个大陆,各个纬度,到处都有那么多美丽多
彩的风景,为什么达利要以他一个并无根据的简单断言(除非是建立
在他自己审美力的主观基础上)让我们相信它呢?这个无法证明,因
为这需要经过体验,而人无法做到这些,特别是达利,他旅行的经历
并不多,他不了解也将继续不了解地球如此大的地域。所以他无权做
出这样的判断,并发布如此结论性的意见。

　　我怜悯所有以此类方式推论的人,并有现成的证据,从美学和哲
学的角度来证实他们的愚蠢。你们拿起一个土豆仔细看看,也许某个
地方烂了,你们把鼻子凑过去闻闻,会感觉到味道有所不同。你们想
象一会儿,那个腐烂的地方就是一处风景,在我毕恭毕敬地把土豆献
给你们,让你们用手指举着土豆的时候,只有一处这样的风景,而不
是三十六处。反过来,你们再想象一下土豆上没有腐烂的地方,而后
我们再假设,按照刚才的说法,一处腐烂的地方就相当于一处风景,
那么现在这个土豆上就没有一处风景了。这种情况很可能发生!而且
已经在行星上发生过,如在月亮上。我可以向你们保证,没有任何值
得单独观看的风景。这一点我可以肯定,尽管我从来没有到过那里,
而且月亮也确实不是土豆。

　　同样, 在一个人的脑袋——这个脑袋差不多是圆的——上面只
有一个鼻子,而不是在它的表面上朝向四面八方生长着几百个鼻子。
同样在地球上,一个非常奇怪的现象是,这个世界少数最有教养和极
具识别力的精灵决定了"风景"这个叫法,而且他们确切地知道这个
词的含义, 那就是无数神奇又无法估量的环境——它们是地质模式
与文明模式的集合体——汇集在一起而产生了它。我再重复一遍,人
们所说的 "风景"——我也这样称呼它——只存在于地中海沿岸,别
的地方没有。不过更稀罕的是,风景最好、最美、最奇特而又独具灵性
的地方恰恰都在卡达格斯周围,而我非常幸运(我是第一个承认这点

的),恰恰就是在这个地方,萨尔瓦多·达利也从他童年初期起,定期又持续地度过了他所有夏天的"美学课程"。

那什么是卡达格斯神奇美景的根本之美和杰出之处呢?"结构",只能是它!每座小山、每块岩石的侧影都像达·芬奇画出来的。除了结构,实际上已经一无所有了。植被几乎不存在,只有橄榄树,都很小。这些发黄的植物如令人肃然起敬的浅灰色头发笼罩在小山富有哲理的额头上,额头上皱纹般布满枯竭的洼地和简陋的小路,而且它们也已被刺菜蓟半遮半掩着。在发现美洲大陆之前,它们是葡萄园之地,而后,美洲昆虫葡萄根瘤蚜荡涤了它,这种虫害使土地的结构更加明确地显露出来。被侵蚀的沙滩护坡使这种地质结构更加明显,它在美学上起到了大地测定线条的标志作用,在建筑学上强化和扩大了沿岸的壮丽景色,使沿岸变得仿佛贴着地面的多重不规则石头台阶顺势而下一般,蜿蜒或是直线行进,这是土地本身灵魂光辉折射的坚硬度和结构性的体现,是镶嵌在风景背面的文明排列。这些排列时而面带微笑,时而沉默不语,时而由于其在受创的美妙怀旧巅峰上的狂欢情感而兴奋不已。这些排列或如拉斐尔,或像绅士,从炎热和银白色板岩的奥林匹斯山落下,在优美经典的石浮雕水边迸发为花朵,那里有各式各样的石头,甚至还有那片贫瘠孤寂土地(它们茂盛的葡萄园早已销声匿迹)最后几道护坡上的石头粒,在它干燥忧伤、粗糙不平的表层至今还保留着那位伟大幻影的两只巨大赤足。那个幻影沉默不语,平和安详,傲然挺立,器宇轩昂,成为古代所有不同的种族和各种荡然无存的葡萄的转世化身和人格象征。

——《达利自传》

2. 我的动物们

我把它们关在一个大鸡棚里,鸡棚的金属网眼非常小,连蜥蜴都跑不出来。我收集的动物有两个刺猬(一只特别大,一只特别小),不同种类的蜘蛛,两只戴胜鸟,一只乌龟,一只在磨坊装小麦的柜子里抓到的小老鼠,它掉进麦子柜里出不来了。这只老鼠被关在一个铁皮饼干盒里,盒子上画了一排小老鼠,每只小老鼠都在啃一块儿饼干。我用纸鞋盒子为蜘蛛做了一个结构复杂的房子,这样每种蜘蛛都可以有自己的独立房间,这有利于我做长时间的思索实验。我得以收集了大约二十种这类昆虫(应该叫蛛形纲动物),我对它们的观察可谓细致入微。

我的动物园里的怪物是一只两尾蜥蜴,它的一条尾巴很长,也正常,另一条尾巴短些。在我的思维里,这种现象与分叉神话有关。当它出现在软软的活生物身上的时候,我觉得它就更神秘了。我很早就开始着迷于分叉形了。每当我无意中遇到一个美丽的分叉体——它们一般都体现在某棵树的树干或树枝上,我的精神都会窒息,就像被一堆难以把它们捆绑在一起的思绪一样瘫痪了,这种思维从未能在某种程度上具体成某种偶尔的诗意形式。分叉线条问题的意义,特别是分叉物体的意义何在呢?在这个问题上有点儿很实际的东西我还不能抓住它,在我的感觉里,它对生和死都是有益的,可以用它推动什么,也可以依靠于它:它是武器又是防护措施,是拥抱又是抚摩,它包含却同时又被它包含的东西所包含。谁知道,谁知道呢!我沉浸在自己的思索中,用手指摁住蜥蜴尾巴的分叉处,将它向两个方向来回摆动着,在这两者之间留下了空白,这个空白或许只能用我独特疯狂的想象力加以填补。我看着自己手指分开的手,它的四个分叉处在我想象中的无限延长的手指间消失了,手指想抓住死亡,可是它们再也无法聚拢起来了,可是谁知道呢?肉能复生吗?

　　我觉得只有一个大胆的策略才能在某种时刻把我从画室的四壁中解脱出来。我本来在这个画室里已经不为任何事情所动，而这个策略要建立在能够自我欺骗的基础上。于是我坚信，必须马上就从那天开始我酝酿已久的写生绘画运动中的动物计划，不能再晚了。没有比开始去寻找我的小老鼠更好的办法了，那是个理想的模型。我可以承诺以它做一幅像樱桃画那种风格的大型画作。不过，我不是要表现同一种美学元素，而是要以不同的运动来无穷尽地重复它。于是我想到既然老鼠有尾巴，那就可以找到一种独特的想法以此为题做一幅拼贴画。

　　尽管我对这个新创作计划并不特别感兴趣，而且感觉到它很可能是对樱桃画的重复，我还是以许许多多的理由说服自己，无论如何也要到园林鸡棚里去找那个装着灰鼠的盒子，用灰鼠做模特。自从见到杜利塔以后，我就一直沉浸在焦虑紧张的状态中，我想我也许可以利用我这种状态，并以灰鼠特别焦躁不安的动作和姿态回想它，从中取得我痛苦的最佳部分，并把我的痛苦引入到我所构思的艺术作品的成功创作中，这样就可以把我的焦虑状态的"轶事"升华到美学满足的"等级"。

　　于是我赶紧跑到鸡棚去寻找我的灰鼠小模特。可是到了那里后，我遇到了一个奇怪的状况——小灰鼠仿佛肿起来了，它以往又细嫩又轻巧的身体现在完全成了个圆球体，圆得就像神奇地变成一个毛茸茸的灰色樱桃。它那异常的静态把我吓坏了。它还活着，因为我看到它还在呼吸，而且还可以说，它的呼吸有着少有的急促节奏。我小心地捏着它的尾巴把它提了起来，它的爪子蜷缩着一动不动，完全像我画的樱桃。我又同样小心地把它放回到盒子底部，它突然向上跳了一下，撞到了我的脸上，当时我的脸正温情地俯向它，随后它又像原来那样一动不动地待在那里。它这突如其来的一跳把我吓得不轻，我的心脏过了好大一会儿才恢复了跳动。

　　一种难以忍受的不安情绪让我把盒子又盖上了，只留下一条小缝儿让灰鼠呼吸。我还未从这种伤心的感受中缓过神儿来就有了新的发现。这是我记忆中最恶劣的发现之一。

我一个多星期之前就找不到的那只大刺猬猛然间出现在一堆钻头和荨麻后面，它已经死了。我原来以为它已经神奇地跑掉了。我走过去，心里恶心极了。它背上满是尖刺的厚皮随着一群疯狂蠕动的虫子的不停往返而颤抖。它的头旁边密集着的虫子太稠密了，真担心它最终会丑陋地破裂，担心一个真正的内部腐烂物的大爆发随时都可能从它被撕裂的部位喷射出来。我的腿一阵轻微抖动，顿感绵软无力，缕缕细微的寒噤沿着我的脊背直线而上，在我的颈部像扇子一样展开，又从那里再次把它们顺着脉络向我全身挥洒下来，犹如在我所敬畏的节日里释放烟火时那纷纷下落的火花一般。我不由自主地继续接近那个令人生厌的小球，它仍然以一种让人作呕的诱惑力吸引着我，我不得不向它投去怜惜的目光。

可是一阵恶臭逼得我向后退去。我以腿的最快速度跑出鸡棚，立即凑近开花的椴树，深深地吸着它的香气，想以此净化一下我的肺。不过，随后我又返回去继续认真观察那已经腐烂的刺猬。有一刻，我就在它旁边，完全屏住呼吸，当我已经忍不住要呼吸的时候，就再次跑到采集椴树花的女人们那里，她们当时已经采集了大堆的椴树花，蜜蜂在花堆上嗡嗡作响。我利用这换气的时刻把我目光的阴暗之水倒入杜利塔那天蓝色的明眸之井。我重新奔向令我恐怖的刺猬球，紧接着再次返回来，以呼吸我的杜利塔周围的馥郁空气。

在杜利塔与死刺猬之间的往复变得越来越疯狂，以致越来越歇斯底里了，我觉得自己已经逐渐失去了对行动的控制。实际上，每当我接近刺猬时，几乎都要采取一个不可救药的行动。因为我有一种越来越强烈的欲望，那就是想扑到它身上，并且摸摸它。同样如此，每当我最大限度屏住呼吸，几乎就要窒息地回到椴树那里时，我都觉得自己已经无法抑制住自己的行为，想要用尽全力拥抱杜利塔，以便通过她那伤口般的嘴巴，从这位天使般粗糙腼腆的脸上和灵魂中吮吸其丰沛的味道香甜的唾液。

有一次，我晕头转向地跑向刺猬时，因为跑得太快而且离得太近，以致到了最后时刻，我已经控制不住疯狂奔跑的惯性，于是决定从刺猬身上跳过去。在跳前的最后一刻，从我潜意识意图的观点来看，我这次笨得太精彩了，只差一毫米就倒在那堆恶心的黑乎乎的东西上了。

这个拙劣动作刺激了我热烈兴奋的欲望，同时也让我反感倍增，最终我有了个想法，就是要争取即刻得到一种深层次的满足：我可以用我的拐杖去扒拉那球形的恶臭刺猬，这样我就能任意移动那个粗糙的小物体，而又不用离它太近。我先是试着向它扔块石头，以观察石头撞击在那令人作呕的白色腐烂躯体上所产生的力学效果。可是尽管从这种试验中能够得到激情，特别是抛出石头的那一瞬间，但我还是觉得它不具有让我觉得完全满足的恐怖感。于是我手握拐杖的下端向前走去，用拐杖的上端也就是"分叉"处按住刺猬圆圆的黑色心脏。刺猬死去已久，它的心脏已经化脓了。拐杖的叉形与已经没有生命力的柔软小球相当吻合，以致我认为它们就是一个为了另一个而存在的，一时竟说不清究竟是拐杖夹住了小球，还是小球卡住了拐杖。

我以极度的悚然和病态的快感搅动着这梦魇般的刺团，在某一时刻，我觉得自己快要晕过去了。特别是在好奇心的驱使下，我用拐杖探寻式的拨弄着，结果刺猬最终被四脚朝上翻了过来。在它僵硬的肢体间我看到了一堆蠕动的虫子，像我的拳头那样大一团，当极薄的紫色腹膜破裂后，它们跑散开来，样子非常可恶。而在此之前，它们还是混成一团的，一副虎视眈眈、急不可待的样子。我丢掉了拐杖逃跑了。这一次是它的力量战胜了我。

——《达利自传》

3. 犀牛

如果巴黎城为我塑雕像，它该放在特罗开特，那儿曾有一座青铜犀牛雕像。我想我的雕像该是头巨大的犀牛。它的背上应当有一朵分成两半的太阳花，中间插着一棵小花椰菜，而不该是那种通常的粗糙表面。

我始终是一只犀牛，因为犀牛是唯一拥有大量的令人难以置信的知识的动物。

"为什么它(时钟)那样软呢？"一个听众问。

"软与硬有什么关系呢？"我答道。"重要的是要走得准。这幅画上也可以分辨出锯下来的犀牛角的特征，它是暗示这一因素不断的非物质化，而该因素在我这儿日益变成纯神秘思想的因素。"

就其起源而言，犀牛角无论是同浪漫主义还是同淫荡的因素都没有任何关系。恰恰相反，它同阿波罗崇拜有关，正如我在研究拉斐尔肖像画的人物脖子时所发现的那样。我依靠偏执狂分析方法发现，一切都由立方体和圆柱体构成，其形态同与犀牛角略有差异的对数曲线相似。

为了说明我的主张，屏幕上投影了我临摹的一幅拉斐尔绘画。其中明显地反映了我对犀牛狂想的影响。这幅画——耶稣受难——是锥形表面构图最伟大的典范之一。正如我认为有必要说明的那样，绝不是指弗美尔作品中那种样子的犀牛角（它在弗美尔笔下具有难以衡量的巨大能量），这里所说的这种犀牛角或者称之为新柏拉图主义犀牛角更为恰当。在临摹这幅作品的素描时，可以看到它最基本的也即是总的布局。上面的所有形象的空间分布都按照卢卡斯·帕切里神圣的君主制比例。帕切里在论述美学含义时经常使用"君主制的"一词。因为按一定序列排列的物体完全服从于绝对的君主制。

我使命运摆脱了人类中心论的躯壳。我越来越深入地研究宇宙的矛盾数学。近年来我画了十四幅画，它们一幅比一幅更美妙。在我所有的画图上，圣母与圣子耶稣都辉耀着天堂之美。在这里，一切都服从于极其严格的数学法则——超立体数学。基督雾化为八百八十八个闪光的微粒，而这些微粒又融合起来，形成一个奇妙的九字。不久，我就要结束这些精密的探索和对于我的奇妙作品的不厌其烦的反复加工了。快，快，应当全心全意，一气呵成，无比猛烈，不知满足。当我有一天早上去巴黎罗浮宫，不到一个小时就临摹完了弗美尔的《织花边女工》时，我证明自己无所不能。我想在她的周围画四个面包，似乎她是在符合我的四臂连续统原理的分子偶然碰撞中诞生的。而整个世界都已看到了一个新的弗美尔。

我们正进入一个伟大绘画的时代。随着1954年的结束，某些东西已经同这个海藻的歌唱者一起消逝了，此人最能迎合资产阶级的口味——我说的是亨利·马蒂斯，1789年大革命的画家。艺术特权阶级变得无比疯狂。整个世界，从共产主义者到基督徒都起来攻击我给但丁作品所作的插图。可是他们落后了一百年！古斯塔夫·多勒就曾把地狱画成煤矿矿井的样子，而我似乎是在地中海的天空下看见它，并且被吓得全身发抖。

——《达利谈话录》《达利的秘密生活 一个天才的日记》

4. 蜗牛

艾尔·格列柯与布尔冈的蜗牛是两种没有自己特殊味道的东西。从最简单的烹饪角度来看，这两者都是普通的铅笔橡皮擦，并不诱人食欲。

一切煎蜗牛崇拜者都已经表示不满。为此，显然得多说几句。尽管蜗牛和艾尔·格列柯本身没有任何味道,从而能让我们享受其极其罕见乃至于超自然的"超验的随波逐流风味"。这是一种特殊的能力,它善于吸收,并因自己淡而无味,能同向它们发出的任何味道理想地结合,成为桌上的美餐。这二者,无论是蜗牛还是艾尔·格列柯,都是一切可能的风味特征的媒介或传播者。所以煎蜗牛或艾尔·格列柯的作品无论怎么调味,它们的任何一种味道都会发出交响乐乃至弥撒圣歌的声音。

若是蜗牛有自己的味道,人的舌头哪能获得真正毕达哥拉斯式的享受呢?而这种享受乃是惨白的,被朦胧的欢快激情弄得有气无力的蒜瓣特别赐予整个地中海文明的。正是这大蒜以其迷人的光辉照亮了没有任何味道云彩的煎蜗牛天穹。

未加调料的布尔冈蜗牛的平淡无味与艾尔·格列柯绘画的毫无趣味个性毕竟有不同之处。然而(一切绝招都在于此!),他也像蜗牛一样能够吸收一切味道、一切趣味,并极其强烈地提供给我们。他离开意大利时,变得比"威尼斯商人"更金光闪闪,更诱人,也更猥亵。可是他一到托莱多,马上就浸透了西班牙神秘和禁欲精神的各种气味、趣味和精华。于是成了一个甚至比地道的西班牙人更狂热的西班牙人。因为由于他淡而无味的蜗牛受虐淫,他最能适合于随时准备让自己遭受攻击,成为任人摆布的肉体,接受那些附庸风雅的塞法德骑士的蹂躏。他那些带有独特趣味的加泰罗尼亚信仰调子和尚武精神的金属光泽的黑色和灰色调子,他那要死不活的洛尔卡银白色的残月形超级大蒜就是这么来的。这里所说的月亮,照耀着托莱多的街道以及它文艺复兴时期的无数大理石建筑;而这月亮又是艾尔·格列柯作品中最优雅的椭圆形形体之一,它的轮廓、曲线以及圆润的特征都极像布尔冈的蜗牛。不信,你们就注意去看蜗牛被针头钩住之后一会儿伸一会儿缩的样子吧!那时,你们从思想上把它的画翻转过去,就会产生这样的想象,似乎地心吸引力即是使他的画落到天上去的力量。

——《达利的秘密生活 一个天才的日记》

5. 苍蝇

　　我:"我喜欢苍蝇。只有当我赤身裸体地躺着晒太阳,全身都爬满苍蝇的时候,我才会感到幸福。"

　　尾椎骨女人(她已从我的语调中听出我对她讲的全是真话):"可是,当您全身都爬满苍蝇的时候,您怎么会感到舒服呢?因为它们实在是太脏了!"

　　我:"我本人也非常憎恨肮脏的苍蝇。我喜欢的仅仅是最爱干净的苍蝇。"

　　尾椎骨女人:"真有意思, 您是怎么将干净苍蝇同肮脏苍蝇区分开来的呢?"

　　我:"我一眼就看得出来。我甚至不能容忍那种城市乃至农村的苍蝇:它们鼓着黄色的大肚子,翅膀黑得像是放进恋尸欲的阴森颜料中浸泡过了一样。不,我只爱特别干净、特别欢快的苍蝇,它们所穿的巴林夏吉产的银灰色驼绒衣像彩虹一样闪光, 像云母一般透亮;它们的眼睛像石榴一样鲜艳,肚子呈高贵的那不勒斯黄色,那些讨人喜欢的小苍蝇在里加特港的橄榄树林中飞来飞去,除了加拉和达利之外什么人也不住在这里。这些婀娜多姿的苍蝇只停在橄榄树树叶上蒙上薄薄的一层氧化银的那一面。它们简直是地中海的精灵。它们曾给古希腊的哲学家带来灵感。这些哲学家经常晒太阳,身上爬满苍蝇……啊,您那陷入幻想的神态使我认为,您已被苍蝇的魅力迷住。在结束这个题目之前我想补充一句:这一天,当我全心全意地思考问题时,我突然觉得,爬满我身上的苍蝇弄得我很不舒服,我立即明白:这意味着我的思想已失去作为我天才标志的偏执狂激流的力量。从另一方面看,若是我根本没有发现什么苍蝇,那反倒是我完全控制了精神状态的最可靠的证据。"

在我一生的一切超奢侈享乐中最刺激也最诱人的莫过于全身爬满苍蝇,高高兴兴地晒太阳。因此,我完全有权说:"让这些小家伙爬到我身上来吧!"

我在里加特港第一次进早餐时,将鳀鱼盘子里剩下的油水全倒在头上。于是四面八方的苍蝇都赶到我这里来。如果我能控制自己的思想,那么苍蝇的瘙痒只会使我的头脑运转得更加迅速。相反,若是碰上非常难得的日子,出现它们妨碍我的情况,那么这就是形势不妙的可靠征兆:我这些小家伙的自控机制就会发出奇怪的叫声,失去控制,难怪我一直认为苍蝇是地中海的真正精灵。早在古希腊罗马时代,它们就习惯爬满我们的杰出前辈苏格拉底、柏拉图和荷马的脸,而他们则闭上眼睛,描绘围绕奶罐子飞来飞去的苍蝇的嗡嗡叫声,并称它们为高尚的生物。不过,我要在这儿大声提醒,我只喜欢干净的苍蝇,打扮得漂漂亮亮的苍蝇,绝不是我说的官僚们办公室的苍蝇和布尔乔亚公寓里的苍蝇。不,我喜欢的仅仅是那些居住在橄榄树树叶上的苍蝇。

今天,11月7日,我在一本小册子上读到,菲狄亚斯在为某座教堂画设计图时,是以一种海胆为模型,这种海胆代表了我曾有幸看到的一切五角结构中最神圣的五角结构。正是在今天,11月7日,中午二时,我在观察围着闭合的海胆嗡嗡叫的五只苍蝇时得以发现,每只苍蝇在参与这奇特的引力现象时,都必定要沿着螺旋线作从右到左的运动。如果这一规律得到证实,那么它对于宇宙,将获得牛顿著名的苹果规律那么重要的作用。因此,我敢断言,这遭世界迫害的苍蝇带有的量子作用即是上帝的那一种:上帝经常把它放在人的鼻子上,以便坚定地向他指出通向一条珍贵的宇宙规律的道路。

我在佩皮尼昂火车站时,感受到了某种类似于宇宙迷醉的东西,其强度超过以往的任何一次迷醉。恍恍惚惚之中,我看见一幅明明白白的宇宙结构图。原来,宇宙作为一切事物中的一种最有限的东西,

就其结构而言显得非常和谐,完全像佩皮尼昂火车站。它与这火车站
唯一的本质区别在于:宇宙中与火车售票窗口相对应的位置是一座
极其神秘的雕塑,它的石雕复制品已有好几天使我不得安宁。对其未
加工部分,我将用苍蝇来量子化:其中的九只生于布鲁;还有唯一的
一只酒蝇,它是代表反物质。请看我的这幅画,读者,并且记住,一切
宇宙都是这样产生的。

——《达利的秘密生活 一个天才的日记》

六、女性题材

1. 性欲和情欲

我意识到我就要发表强烈声明了。昨天我看到更年轻的一代人使他们自己变成白痴。我在酒吧里看到了年轻人性感的天使般的柔体表演，没有性欲，像十字架上的圣约翰一样，年轻人都在努力摆脱他们的性感。舞蹈家奥达正在这么做——靠扭曲身体来摆脱性欲。

我不会和那些著名的女人过夜，因为一个也不喜欢。我常被问到这个问题。我对加拉百分之百地忠实。至于我下午的那点点手淫，好了……他们是为了满足我的怪癖，但没有人敢碰我。

我只想和一个著名的男人过夜。但很不幸，他死了。他叫马克斯·普朗克。他发现了物理学中的黑体。我将致力于我自己的全面淫荡，在这个尘世，对于这方面我还不能集中注意力。十字架上的圣约翰说，地狱是一种无火的天堂。地狱是块乐趣永存的地方，那儿不存在道德。兄弟姐妹之间私通的可能性是无限的……塞德侯爵是绝对的统治者。

像所有的人一样，我是个施虐—受虐狂。没有两种成分各半的东西，施虐狂和受虐狂有不同的量。在达利之后，将有这两种元素的联合体，即这两种感情发作的平衡。

艺术不可能取代性高潮。不过神秘主义也许能替代性高潮。我正在写一本色情悲剧。甚至让·雅克·波韦尔都认为这个剧本即使在一个民主体制的国家都不可能出版。我必须找一个我能腐蚀的极权主义国家，要不然就是一个像菲利普二世宫廷那样的绝对君主体制的国家。民主政体和联合国教科文组织都反对任何性烦忧的想法。

我绝对没有性虐待狂的冲动。对于任何与性欲有关的事，我宁愿让专家们来处理，他们可以打或不打她的屁股。我有第一流的观淫癖。我喜欢这种场面。我是个新柏拉图主义者。我来自的那个地区，在菲格拉斯和图卢兹之间，人们总是有礼貌地实践爱。这并不意味我们不想促使他人做出更直率的行为。我喜欢煽动男人与女人之间的感情，我喜欢看到大量的搞同性恋的女人。在纽约的一次鸡尾酒宴上，我曾一次见到五百名，真壮观！还有一天，我被介绍给十个这样的女人，她们每人送给我一枝玫瑰。这些搞同性恋的女人都接受我的想法，我愿意把她放哪儿就放哪儿，把她们一个对一个地靠在一起。可我从未抚摸过她们当中的任何人，那是众所周知的。很可能我很小的时候就接受了这种抑制。我父亲详细地谈过性病，我极其反感。在我到巴黎后，每当我去妓院时，我总是与妓女保持有两码距离。我以为你会对此欢呼喝彩。也许你清楚为什么我不敢抚摸她们。观看却是另一回事，前天我看了部优秀影片，里面一条大狗爱上了一个年轻的西班牙女郎，这部影片就像达利的绘画一样杰出。

我对其他星球没有丝毫好奇心，我甚至对其他城市都没有好奇心。我不反对别人去任何他喜欢的地方，甚至到我这儿。我对巴黎和威尼斯很满意。谈到性欲方面的主题，我有观淫癖，也是个宇航员式的观淫癖者。我不喜欢旅行，我永远不会去墨西哥。墨西哥总统曾邀请我去他的首都访问他。我不喜欢地方的诗意，地方诗意与我的习惯有强烈的抵触，使我的大脑活动缓慢。

——《达利谈话录》

2. 性爱与艺术

我与米柯有同样的观点,他是《生活的悲剧感》的作者。

当有人问他爱是什么时,他回答得很简单:"爱是我妻子。如果她突然感到左腿疼,我立刻也感到左腿同样的疼。"当加拉感到痛苦或快乐时,我也有同样的感受。我可能被一百万人包围着,他们都是色情狂或者是有礼貌的爱的支持者,如果他们死了或病了,我不会有什么感受,相反,我感到一种与我的性虐待狂本能相一致的满足。加拉是唯一的例外。

当加拉和我收到教会的祝福时,我们就算正式结婚了。这种宗教仪式给我的影响最深:仪式的盛况、管风琴、华丽、肃穆……我感到极其兴奋和快乐,我真想立即和她结第二次婚。不久,我碰到命运的难以置信的打击,我遇到一个在海边小船上洗脚的主教,他一直在旅行,他双脚浮肿,一个渔民为他拿来一张椅子,所以他可以舒服地坐着。我利用这个机会说:"你好。我刚刚结婚。我很幸福,但遗憾的是就是今晚我可能又要结婚了。"他说:"按照科普特基督教的仪式,你可以结第二次婚。因为从基督教的观点来看,科普特基督教仪式和天主教会的祝福之间并不矛盾。"

显然我将与我妻子再婚,并收到与我本人相适应的另一种仪式的祝福,而且科普特基督教仪式要比天主教仪式更漂亮,因为你要在头上戴上一顶皇冠。重要的是神圣,我要全世界都知道爱是多么的神圣。

我关心的是我发现我所爱的人使我变得迟钝。这样,我发现人们知道的最大的力量是阴性。那永恒的阴性使一个男子迟钝得像个白痴。就在他恋爱时,他浑身颤抖,嘴角流口水,是个地道的白痴。他所有的功能,也就是所谓的实在功能全被毁了。当但丁爱上贝阿特丽斯时,这种事发生了,他成了一个白痴,写了一篇超白痴的《神曲》。

平等是不可能的。充其量这种平等是生理上的。无论如何,一个人总要被他所爱的人消灭。最简单的生物学例子是雌性总会吞掉雄性，只要看看求爱的螳螂你就会明白这一点。对艺术家来说，有点区别：我们有某种补偿，我们蓄发，我们搞一点同性恋，我们自己担当女性角色，这能使我们有效地、长时间地反抗妇女。这适用于除加拉以外的所有妇女，这是返祖现象的态度。在西班牙的加泰隆尼亚，我遵循这种说法："男孩应该多看看漂亮的女孩，但不要碰她们。"这规则同样适用于各个省以及图卢兹周围的地区。人们亲眼看见他们所爱的女子的裸体，那些男子就在远处，音乐使所有的东西变成戏剧，但没有性行为。激情的顶峰没有触动那裸体，在特里斯坦和伊索德之间没有性行为。

为了不毁坏这种事情的状态，我付出了极大的精力。在我们这个时代，很容易与妇女胡乱发生性关系。在出租车里，你禁不住地会去捏坐在你身边的女子的屁股。一个人必须特别注意不让自己做想做的事，要保持一段距离，要教育别人放弃最轻微的肉体接触。如果我把全部时间用来追求女人，那我的绘画就不会有现在这么好。每个有创造力的人、任何具有震撼他所生活的那个世界的能力的人、每个艺术家、每个政治首脑基本上都经历过某种程度的禁欲。但现在我并不像我说的那样阳痿。玩物风流的人必然会感受到创造力的衰退。只要看看达·芬奇、希特勒、拿破仑，所有这些人都代表他们那个时代，他们几乎是完全阳痿的人。拉斐尔也是如此。

生理上的消耗是直接的发泄方式。现在性烦忧是艺术创作的基础。不断的挫折导致弗洛伊德所说的升华的过程。任何尚未产生性爱得到的东西会使其本身在艺术作品中得到升华。沉溺于肉欲的人做不成任何事情：他们所到之处都要做点淫乐的事来表现自己。至于"神圣达利"，哪怕一分钱从他身上丢失，他立刻就需要一大笔支票作为补偿。不过，既然这种事情很少发生，一切都会转变为艺术和精神方面的作用。

　　为了防御，我就在撒拉佩尔作了一个演讲。由于我侮辱了所有那些盘卷在树上的画家，所以引起一场轩然大波。这是我在巴塞罗那所做的三个令人反感的演讲中的第一个。第二次是几年以后在阿思尼奥做演讲，在那儿，我毫不客气地侮辱了这个社会的奠基人，他还是那次演讲的组织者，是一个记忆力受到整个巴塞罗那推崇的人。我骂他是最了不起的鸡奸者，是最了不起的多毛的烂透了的家伙……然后，不容我继续讲下去，每个人都扔椅子，砸每一样手边的东西。警察必须保护我，好让我像汽车一样尽快离开。第三次是在超现实主义时期和雷内·克里夫一起作演讲。我们去的地方是无政府主义者聚会之处，叫作"大众百科全书"。他们把一块面包放在我头上，就像是《回顾往事的半身像》那样。我谈到性，谈到睾丸，谈到所有一切。当我谈到某一点，一个无政府主义者站起来说："你在我们的妻子面前使用这种淫秽的语言令人无法忍受。我们是由我们的妻子陪伴到这里来的！"这时加拉站起来回敬道："如果他在自己的妻子前面讲这些话，他当然也可以在你们的妻子面前讲，我就是他的妻子。"

　　这还是我用拉纳海滨的砾石所拼贴的那个时期的第一批画之一。我经常到彼柯特家房子附近的梭泰尔去钓刺鳍鱼什么的。我随手拾了一些软木浮，这一点那一点。

　　我在画《伟大的手淫者》时，夏天刚刚过去。我婶婶有一间做衣服的大房间。我就是在那儿画所有的画的。《伟大的手淫者》是我从一幅彩色石印画上取下来的，那张彩色石印画上我曾画了一个正在闻百合花的少女。那面孔上很自然地混合着对卡德奎兹、对夏天和对克雷乌斯角岩石的忆念。

——《达利谈话录》

3. 情欲和女人之美

　　人们刚刚在园林中间生长的高大椴树下搭好几个梯子，树下已经铺好几块宽大的麻布，用来接住将要采集到的树花。一些带着花朵的小树枝开始掉落下来。已经搭好了三个梯子，每个梯子上都有一个女人，我并不认识她们。其中两个女人非常漂亮，而且她们还很相像。其中一个胸脯很大，胀鼓鼓的特别好看，它的微小细节都可以从罩着她的羊毛套衫的曲线中清晰看见。第三个姑娘就难看了，她的牙齿是蛋黄酱颜色的，还特别大，在她臃肿的牙床上外翻出来，让人看起来是一直在笑。还有第四个人，她一只脚站在地上，背部重心压在她身体一侧的臀部上。那是个十二岁的女孩儿，她向上看着，向她母亲打着手势，她母亲恰恰就是那个胸脯非常漂亮的女人。这个女孩儿大概是来帮她采花的。我立刻爱上了她。我觉得从后面看她，就会让我想起杜利塔，这很容易让我的心里产生冲动。另外我从来没有从正面看过杜利塔，这很容易让我把这两个人混在一起，就像有一次我把虚构会议里的加露什卡同杜利塔·雷迪比瓦混淆了一样。我用我的拐杖轻轻碰了一下姑娘的背，她马上转过身来，我以一种坚定而又怒气冲冲的自信力对她说："你将是杜利塔！"

　　加露什卡和杜利塔的形象最终被我愿望的力量浓缩和汇集成这个新生灵，她的脸庞被太阳晒得黝黑，不过却如天使般的美丽，这是我刚刚看到的。这张脸即刻就取代了我从未见过的杜利塔的脸。所以这三个令我神魂颠倒的形象交织在一起，变成为一个也是唯一一个所爱之人的混合体。我的激情以比以往任何时候都不可遏制的新潜力负载着已经高度现实化的心上人形象的化身。于是我数年在孤独和渴望等待过程中积蓄的性欲焦虑化为透明、同质和坚硬的宝石，它就雕刻在一个四面体上，在它的各个平面上可以看到我的三个没有得到满足的爱情的圣洁光芒，在一年中最光芒四射的一天的阳光下发光。

此外,我能完全肯定那个女孩儿不是杜利塔吗?我努力在那个乡村女孩儿黝黑的脸上寻找加露什卡以往那种苍白的迹象,而她的脸不时变得越来越像加露什卡的脸了。我把我的拐杖在地上猛地戳了一下,用沙哑的声音对她重复道:"你将是杜利塔。"我的嗓音从一开始就由于动情而哽咽。女孩儿被我粗鲁激昂的举动吓得向后退去,没有答话。我对她的首次明显冲动大概实际上已经表露出我如此独断专行的意图,我明白已经很难取得她的信任了。我向她面前走了一步,然而女孩儿几乎是出于本能的恐惧,为寻求保护上了两道梯子,她的母亲就在那梯子的高处。她的动作如此轻盈和敏捷,我都没来得及用拐杖的一头去轻轻碰一下她的头,我本来是想以这样的方式来平息她的畏惧,对她表示我温柔的情感。

不过我美丽的杜利塔也有她惧怕我的理由。我以后会更清楚地提醒她,因为所有这些,还不过是刚刚开始!在当时那个年龄,我对自己越来越突出的性冲动特征的内在危险已经有一种茫然的压抑感。多少次,我平静地在田野里散步,在我怀旧的梦想中翻来覆去地瞎折腾,我突然感到一种不可抗拒的愿望,想要从某座高墙或岩石顶上跳下去。而它的高度对于我来说要足够高。而且我知道任何东西也不能阻挡这种冲动,我闭上眼睛,向空中跳去。我常常处于半惶惑状态,不过心境坦然,心里说:"眼下危险已经过去了。"而这又让我对周围最普通的现实产生了新的疯狂兴趣。

我无时无刻不受到我的杜利塔诱惑性表现的袭击。不过,同时又一种对她无形的仇恨也在晴朗的蓝天下以暴风雨般的闷响低吟。杜利塔再次,也是第二次以她短暂的出现来扰乱和毁灭我神圣孤独的自恋殿堂结构,并把它夷为废墟,而这个殿堂是我到了塔式磨坊之后以十分严格和强烈的理智建造起来的。

我逃避女孩儿们,因为从塔式磨坊那个罪恶记忆开始,我把她们都看成我灵魂的最大危险,我的灵魂太容易受到迸发激情的影响了。

不过,我还是制订了一个计划,准备"持续恋爱"。可是这个计划制订得实在是居心不良,而且绝对虚伪,它可以让我事先避免所有与可能成为我爱情主角人物进行现实接触的具体可能性。

我总是选择我只能见过一次的女孩儿,可以是在巴塞罗那或者邻近的城市,是那些不能保证甚至根本没有可能再见到的女孩儿。这种女孩儿的非现实性会随着我记忆的消散而更加强烈,这样就很容易把我的热情转移到新主角身上。

我曾拥有一次这类高级爱情,它就发生在菲格拉斯附近一次传统乡村集市上。山上星罗棋布着在橄榄树下做饭的人群。我立即选择了对面山上一个正在生火的女孩作为我的爱情对象。我们之间的距离太远了,我看不清她的脸庞。尽管如此,我还是知道她是无与伦比的,是地球上最美的人。爱情在我胸中燃烧,让我的心受到持续煎熬。

每次有人群聚集的节日中,我都想象着能在人群中看见她。

在这类现身里,怀疑起着主要作用,可是它向火堆上又添了新柴火,那火堆是那天当我从远处第一次看到我单相思情感的宝贝对象时,她在对面山上点燃的。

这类爱情越来越不现实,不能令人满意,即使在我的灵魂处于最低落的煎熬之时,它也会使我的情感从一个女孩儿的形象转移到另外一个女孩儿的形象上,逐步增强了我自从第一次见到我的第一个杜利塔开始就产生的那种想法,即这是一种连贯一致和转世化身。就是说,我逐步地坚信,那个令我魂牵梦绕的女性形象是同一个人,也是唯一一个人,她只是越来越依据我真实和无序的意志所表现出来的我行我素而不断地繁衍,变换不同的面孔。

加露什卡、杜利塔、第二个杜利塔、加露什卡·雷迪比瓦,那个点燃了火堆的姑娘,杜利塔·雷迪比瓦·德加露什卡!于是在感情的王国里爱情听从于我想象手段的支配。

——《达利自传》

4. 女性素材

她太漂亮，并且可怕而又令人不快的健康，完全不具有"高雅"风格。

我一生中从来没有遇见过一位非常漂亮同时也非常高雅的女人。因为这两种东西在定义上相互排斥。高雅女人身上总是在其丑貌与美貌之间有一种做作的妥协，这种妥协应是适度的，而她的美貌则应"明显"，不过仅仅是明显而已，不能超过这个确切尺度。高雅的女人没有漂亮的面容，但她可以而且应为自己感到高兴，她持续的光彩犹如经久吹响的号角。另一方面，如果高雅女人的脸上需要有她那种确切份额的丑陋疤痕、疲惫和失衡的话（以她高雅的气势，这些东西也足以引起令人垂涎的无耻肉欲），那么高雅女人也不可避免地需要有极度漂亮的手、胳膊、脚和腋窝，而且要尽可能地裸露出来。

高雅女人的胸脯丝毫不重要。它不算数。如果胸脯好，那会更好；如果胸脯不好，那就更糟！而在她身体的其余部分我只要求一件事情：让她达到我正在说的高雅等级。这一件事情就是臀部的特别形态，可以说，它绝对应该是特别突起的，是尖角形的。这样无论她穿什么衣服都可以知道她的臀部所在，它就在那里，咄咄逼人。你们相信男人的线条很重要吗？不是这样。我对这种线条给予完全的自由。无论它如何让我慌乱，无论它是什么样的，我都对它表示感谢。

眼睛的表情，是的，非常非常重要，它应该很有智慧或者像是很有智慧。一个表情愚笨的优雅女人是不可思议的。相反，没有任何东西比愚笨更适合于绝代。"米洛的维纳斯"是最明显的例子了。

女人的嘴最好是"不讨人喜欢"和有敌意的。不过，它应该能够猛然间奇迹般地得到一种天使般的表情，使女人变得在瞬间无法辨认。这个时刻可以出现在陶醉临近之时，或者刚张开嘴巴回应灵魂的一种可遇不可求的情感冲动之时。

　　高雅女人的鼻子。高雅女人没有鼻子!漂亮的女人才有鼻子。高雅女人的头发应该是健康的,这是高雅女人唯一应该健康的东西。另外,高雅女人应该被自己的高雅、服装、珠宝首饰以及她的根本做人理念所完全控制,这些也应该成为她精疲力竭和憔悴怠倦的主要原因。

　　所以高雅女人的情感遭遇是冷酷的, 她只能在爱情方面才会有所振作。所有放荡、贪婪、细腻和非感伤的色欲只能是唯一一种以奢华依附于奢华的色欲, 就像她服装和首饰的奢华只是疲惫不堪地依附于她的身体一样,而她这样做只是为了蹂躏它们,以蔑视最高奢华的心态佩戴它们。

　　我就是要这种无聊、丰富和奢华的蔑视。而为了实现我的"帕西法尔",我必须当天下午就准确找到六名目空一切的高雅女人,她们能够以其冷若冰霜的方式不折不扣地服从我。不能让色欲情绪的迷雾遮蔽住她们脸上持久不变的极度奢华, 那六张脸应该能够疯狂地体验快乐,不过是轻蔑地体验。

　　我睁大眼睛,张开瞳孔,急切地看着我的四周,但是无法把我的注意力集中到某个可以让我下决心的人身上, 那里没有任何真正高雅的那人,漂亮女人却有的是。这让我着急了。不过我明白,我也不能指望还会有很多人到来,因为舞厅已经人满为患了。我开始妥协,将她们进行比较,以便在几个可能的人选中进行挑选。这是我第一次得以用一个"凑合"的帕西法尔聊以自慰。可是我也知道,没有什么比"凑合的高雅"更糟糕的事情了。也许真有?这就好比有人为了鼓励你吃药就对你说,药"差不多"是甜的。忽然,有两个高雅女人一起进来了,运气还算好,她们坐在一张还空着的桌子旁,那张桌子离我的桌子并不远。她们正是我需要的那种女人。还差四个!不过还没有找到那四个女人,我就重新观察起我的两个女主角了。我唯一不能判定的就是她们的脚。她们的脚应该是非常漂亮的,除非与她们的身体构造缺少一致,而这又会让我觉得不可思议。她们的手美得不相上下,四只手交叉成一个复杂的结扣，那是手的主人以轻佻的冷漠组合而成的，这令我不寒而栗。

咱们来看看吧。看你到底还是不是达利。来吧！你认真点儿。你正在冒险毁坏你的"帕西法尔"。你看这个。她是高雅的漂亮女人吗？她是，不过需要给她加上一张不同的嘴巴。那儿就有！那就是你想给她加上的嘴巴。漂亮女人，嘴巴，嘴巴，漂亮女人……如果能把两个人这样合起来的话，事实上她们能合在一起。你为什么不试试呢？开始之前你先仔细选择一下。你控制住自己。咱们来看一下，你是否喜欢。你已经找到了三个高雅的腋窝。你仔细看它们，一个一个看。然后你什么也不要再看了，迅速移动你的目光，把目光投向那个冷漠的表情，然后投向那个嘴巴，从两个已经选定的嘴巴中找出最蔑视的那个。

咱们就按顺序来吧：选一个腋窝，再选一个腋窝；现在，快点儿，选嘴巴；不过你已经忘记了第二个腋窝。所以你重新开始，注意看清……你已经看清了那个腋窝，不是吗？……啊，是的，多优雅细嫩呀！那么就是这个腋窝了，腋窝，优雅的腋窝。现在看表情：表情……嘴巴……现在再来一次，慢点儿：嘴巴，表情，再转到腋窝，再转到腋窝……这次稍微多注意些腋窝，而且要再快些……

——《达利自传》

七、政治题材

1. 我反对党派形式

  让我们来搞清楚现在的政治局势：我始终反对任何一种党派形式，很清楚，我是唯一拒绝属于任何组织的超现实主义者。我从不是个斯大林主义者，也不是任何一个组织的爪牙。"法兰卡"的著名成员曾努力使我对他们感兴趣，我从未这么做。(西班牙授勋之事难道不是一种背叛行为？它没使你感到特别难堪？)正相反！此事最微小的好处是它给我制造的麻烦。只有具有仆人精神的人才能献身。我喜欢成为高贵者，所以我所需要的最好的东西是各种各样的勋章。

  我得告诉你我的天性。作为菲格拉斯的资产阶级律师家庭的儿子，我一生都过着公开背叛我所属的那个阶级——资产阶级——的生活。我总是在吸取贵族统治和君主制度的美德。我是个绝对的居住主义者，同时，我是个无政府主义者。无政府与君主制势同水火，但两者的目的都是为了绝对权力。我从佛朗哥手中接受天主教的伊莎贝拉勋章，只不过因为苏联从未给我颁发列宁奖章。目前我正在思考他的一首诗，这首诗将一种新型舞蹈介绍给今天的年轻人。现在最重要的是崛起的一代人，一种新型的人……注意在那边睡椅上的奥达小姐，她代表着更年轻的一代人，我希望在本周末她将像一头令人崇敬的蠢者一样被吊在天花板上，在一段新型舞蹈中作最出风头的柔体表演。

同毕加索的目的完全相反。因为对达利来说，政治像其他任何事物一样，不得不被内在的意象所决定。如果你看左派人的眼睛，特别是极左派，你会发现在眼角旁边有一种白色的污斑，这就是所谓的稀黏液。右派的人、君主主义者和像菲利普二世那样残酷的人，他们昂首直立而非匍匐在地，没有对人类同情的生理现象——一种毫无作用的特性。所有的左翼党派人士都有一种持续不断的分泌液，这种分泌液在眼睛中形成，它来自于对人类的爱。哦，他们对人类是多么爱啊！他们永远地反复详尽地谈论着爱。我确实尊敬他们，因为在君主的宫廷里非得有许许多多的萨特。偶尔有个炸弹扔向国王常常是他所乐意的刺激。

我的特殊伦理是毫无过错的。我总是生活在最有钱的地方。现在我生活在那里，是因为我总是处于像腹泻一样不断而来的支票之中。而且美国是世界上唯一在科学技术上取得极大成就的国家，控制论就在这里。在纽约，人们正在努力让我长命百岁。冬眠专家正准备复杂的钢瓶来大大延长我的寿命。我也是个人。我见过许多的银行家，许多在其他国家从未看见过的同性恋和热血沸腾的达利主义者。根据统计资料看，你不关心的那幅画（华盛顿国家艺术馆的那幅《最后的晚餐》）是所有现代绘画中卖价最高的一幅。这幅画的明信片复制品比任何达·芬奇或拉斐尔的画都多。我的策略起作用了：在某种意义上我是打定主意要搞出比世界上任何东西都流行的画。我的作品极其惊人。我甚至可以说我的那幅画要比毕加索的作品加起来还要好上一千倍。我自认为是个十分平庸的画家，我总是强调自己是个非常平庸的画家。我只是相信我比我同时代的画家要好。如果你不介意，我要说他们比我更糟糕。

让我来为一本书做点公开宣传。这本书将会使你同所有的人戴上绿帽子。艾尔宾·米歇尔要我写本书，名为"达利给达利的一封信"。因为阿兰·鲍斯克特都不能说服我。这本书会令人感到更加亲切，因为我将对达利自己倾诉。

在一次生态学综合科技会议上，我面对穿戴着制服和白色手套的学生们阐述过我的见解。在我们这个世界，达利正在变得越来越像斯大林主义者。恰好我身上另有一种自发的反作用力：一旦有人受到侮辱和陷害，我又会帮助他们。斯大林正对我现在的情绪。我认为他是我们时代最重要的人物，也许还有毛泽东。

斯大林在苏联缔造了红军和军事力量。他是个铁匠，铁匠总是在锻造博爱和宗派。当一个铁匠拥有权力时，他创造出作为思想意识象征的榔头和镰刀。那就是古希腊的伏尔甘所做的。当阿基里斯的妻子阿芙罗狄蒂遭到阿波罗引诱时，是伏尔甘锻造了阿基里斯的盾。

他认为正在锻造社会主义、共产主义以及从未有过的意识形态的盾牌。斯大林用最精良的武器把我们武装起来，捍卫近四十五年来正在欧洲复辟的君主统治。他做的正是威尔荷门二世曾想做的，他反对他所谓的黄祸。我本人特别喜欢黄祸，它将是战争的赌注，我喜欢战争。

勒·柯布西埃最近的死使我异常高兴。我俩都是建筑师。勒·柯布西埃是个研究钢筋混凝土的可怜家伙。人类将很快登上月球，请想象一下，那小丑声称我们将把整袋的钢筋混凝土带去。他的重量也就值个混凝土的重量。由于有了国际商用机器公司，社会等级正在消失，整个宇宙将成为奸夫。我们正更加英勇地进行种族斗争。

我认为法国政府还够不上腐败。我喜欢一个政权的腐败，这样才能重建传统的君主统治，法国还得更加腐败，大大地腐败！这毋庸置疑：前卫派已不在巴黎，而在纽约。从事波普艺术、光效应艺术的画家当中，最激进的和最不寻常的都在纽约。几个月前我参加了在巴黎的5月沙龙年展，我找不到一个光效应艺术家。而在此时的纽约，就有十次光效应画展，现代美术馆里充斥着光效应绘画。一个人无论可以做什么，他总是由笛卡尔先生的智商所支配。每件东西瞬息消亡，变得无聊。法国真正需要的是让美国在屁股上狠狠踢一脚。我讲的当然是在艺术和绘画上。

我个人认为我并不在乎爬上西班牙王位、法国王位或是神圣罗马帝国王位。我是个天生的叛逆者。我出生于一个资产阶级家庭，那里是一个小城镇，我用皮靴带把我自己同贵族统治拴在一起。对于任何王权的发展，我是个极好的朝臣，但我不愿爬上那个王位。我把王冠看作神权的赠予，显然我无权为自己加冕。

如果我是个佛教徒，我会画释迦牟尼和欧几里得的中心思想之一，即完善和涅槃的形状像个蛋一样，我将画蛋。

一个信仰斯大林主义的我显然要画火神，是那个锻造武器刺向阿基里斯的盾的那个神。

我从不尽心回答政治问题，要是回答，我仅仅是撒谎。在这种情况下，我要劝告他立即承认中国共产党领导下的中国。你显然不能否认这个大国的存在。

当今无能的政治家实在太多了！多得使人厌烦！我想完全的低能儿是在意大利接替陶里亚蒂做共产主义首脑的那个人。意大利共产主义运动有一次出乎意料的机会，但现在每件事都被那个矮子妥协了。如果意大利共产主义成熟了，如果共产党掌握了政权，我们将会有场非凡的战争、一场持续两个星期的战争，接着是人类自然法则的变化。我们将看到天使出现，无数毁坏我们地球的旅行者将从眼前消失，我们将目睹一次荷马时代的玩笑高潮。诚实地讲，除了那些死后立即变成天使的人之外，战争不会伤害任何人，那是帮助他们的最好办法。但现在战争的机会在不断减少，因为各国首脑包括教皇都要和平。

——《达利谈话录》

2. 希特勒之谜

　　加拉的看法不一样。她像对待食欲不振的孩子一样耐心地说服我:"你尝一点儿吧,小达利。我给你的是多么稀罕的东西。你只要尝一点儿就行。你看这是泡好了的龙涎香,没有走味儿的!据说,弗美尔就曾尝过它。"

　　"不过,我不会把这一想法告诉布勒东!"我补充了这一句,随即陷于超绝尘寰的沉思之中,在这种情况下,我往往会尿湿裤子。

　　"那么我们就说定了!"加拉又温柔地说,"明天我就会给你拿龙涎香来,是用薰衣草油泡的。这得花很大一笔钱,可是我还是想让你用一点儿,好让你画完你的新列宁。"

　　令我大为失望的是,列宁的抒情诗似的臀部并未使我的超现实主义朋友们反感。这一失望甚至使我产生了某些希望:既然如此,可以走得更远一些,并且尝试干一些不可能的事情。我那准备几大杯热牛奶的思想机器,只使阿拉贡一个人感到不快:"该结束达利的这些古怪行为了!"他气愤地喊道,"现在所有的牛奶都应当属于失业者的孩子。"

　　布勒东站在我一边,阿拉贡只不过显得可笑罢了。他的这通荒唐言论非常及时,连我那些严肃的亲友也感到好笑。的确,阿拉贡当时也在鼓吹某些极其残酷的政治观点,随着时间的推移,这些观点注定要把他带到他现在所在的地方;换言之,实际上不会给他带来什么好处。

　　此时,希特勒的希特勒味道明显地变得更足了。有一天,我画了一幅画,让这纳粹的保姆坐在一大洼水中安然地打毛线。在几个超现实主义好朋友的坚持要求下,我涂掉了他那带有"卐"字图形的臂章。我万万没有想到,这个标志会引起如此强烈的反响。我自己就对它着了魔,多次梦见希特勒是个女人。我当时所画的许多油画都在德军侵占法国时被毁掉了。我当时对希特勒柔软而丰满的肩背很着迷，千篇一律的军服恰到好处地贴在上面。每当我画从他背上穿过的武装带时，这皮带就显得像是乳罩的带子一样，从而它下面凸出来的希特勒的柔软肉体就使我进入迷醉状态，产生某种喝牛奶、吃美食和听瓦格纳音乐的奇妙感受，这使我的心狂跳不已，连性交的时候都很少这么冲动过。希特勒的臃肿身体在我的想象中显现为美妙的女性肉体，皮肤雪白，对我产生了某种催眠作用。尽管对我的这些疯狂行为都可以进行心理分析，但我依然无限满足地对自己说：

"看来，你总算抓住最疯狂的东西了！"

于是我对加拉说：

"给我把泡在薰衣草油里的龙涎香拿来吧，还有最细的画笔。"任何色彩都无助于满足我对于精细和完美的渴望。因为我终于要开始按梅索里埃最保守的风格描绘内涵最丰富的谵妄了，这是一种神秘而又充满肉欲的迷醉，只要我一开始往画布上画嵌进希特勒肌肉里去的皮带，这种迷醉就会一下子抓住我的整个身心。

我无数次地对自己说，希特勒的这种魅力完全是超越政治的，在元首女人形象的激发下产生的含义双关，其中所含的黑色幽默并不比威廉·退尔和列宁的肖像少；我还把这些想法一再对朋友们重复过，可是一点儿都不顶用。笼罩我的创作的危机，在超现实主义阵营中引起越来越大的怀疑。后来竟至传说希特勒非常欣赏我一些油画的局部题材，比如画有天鹅的瓦格纳和波斯赫作品的精神。

我天生的反叛精神只是使局势更加激化。我去找布勒东，请求召开我们团体的非常会议，以便从天主教的反叛观点、从尼采对于非理性的理解讨论希特勒主义的神秘论。我希望辩论的天主教方面或许能使布勒东喜欢。除此之外，我把希特勒看作是一个受虐狂，被发动战争的思想苦苦纠缠，最终将悲壮地遭到失败。实际上，他想实行的仅仅是我们团体中高度评价的许多毫无根据、毫无道理的行动当中的一种。我企图将希特勒主义的神秘论纳入超现实主义背景的顽强精神，以及同样坚定地赋予超现实主义理想中的施虐狂因素以宗教含义。由于我发挥了我的偏执狂批评方法，而这一方法又对无意识性的教条及其所特有的那耳索喀斯式的孤芳自赏，因而不能不一再同布勒东及其追随者发生争论与冲突。不过，令团体的首脑大为不安的是，他的追随者已开始在他和我之间发生动摇了。

我画了一幅预言希特勒之死的油画，名叫"希特勒之谜"，它使我受到纳粹分子的诅咒，获得其反对者阵营的热烈鼓掌。尽管这幅油画同我的所有创作一样，正像我直到死都要反复强调的，并没有任何有意识的政治含义，应当承认，直到现在，当我在写这些字句时，连我自己都还没有彻底弄明白这一著名的不解之谜的秘密内涵。

于是一天晚上，超现实主义团体开会，似乎要对我的所谓希特勒案件做出判决。这次会议完全出了格，遗憾的是，详细经过我一直记得很清楚。若是有朝一日布勒东表示想同我见面，我一定要求他出示纪要，他们在辩论结束时显然作了纪要。在就要将我开除出超现实主义团体的那一刻，我的心绞痛发作了。我跟平常一样，由于担心疾病而全身发抖，嘴里含着温度表出庭接受审判。审判一直持续到深夜时分，直到巴黎城已经天亮我才回家。我记得，在审判过程中我至少四次检查了我的温度。

我发表了激烈的辩护词，为自己也为自己干的事情辩护。在这过程中，我曾多次下跪，这并不是像他们后来所说的那样，我是要哀求他们不要开除我；恰恰相反，我是向布勒东发出呼吁，要他理解，我对希特勒迷醉纯粹是一种偏执狂现象，就其本质而言是绝对超越政治的。我试图向他们说明，即使希特勒占领了欧洲，我也不会成为纳粹分子；而他则因此而把我这样的歇斯底里病患者斩尽杀绝，就像他在德国所做的那样，在那里是把这些人看作精神变质者。最后，我的希特勒画像中的女人味和明显的淫荡特征都为纳粹分子治我以亵渎罪提供了足够的根据。再说，众所周知，我是如此崇拜弗洛伊德和爱因斯坦，而他们俩都被希特勒从德国驱逐出来了。这一切都足以表明，我之所以对希特勒感兴趣，仅仅是把他作为我病态着魔的东西，除此之外，我还觉得他是一个具有无可比拟的灾难性忘我精神的人。

最后，大家都确信我完全无罪，然而我还是被迫签署了一个文件。除了其他的一切之外，我还在文件上声明自己不是无产阶级的敌人。应当说，我签署这一点时心情很轻松，因为我从未对无产阶级怀有任何特殊感情，既没有好感，也没有恶感。

然而，真理，唯一的、不可分割的真理却突然在我面前显现，就像大白天那样清楚：若是你属于某种政治激情主宰的团体，你就不可能是一个真正的超现实主义者，无论这是在文学界，还是在绘画界；无论是围绕阿拉贡，还是围绕布勒东。

不仅如此，地球上容不得我这样想当真正疯子的人，活生生的，有组织的，以毕达哥拉斯式的准确性所确认的，符合尼采观念的疯子。然而却发生了注定要发生的事情：出了个达利。受尼采的"权力意志"所推动的彻头彻尾的超现实主义分子，他标榜无所限制的自由，无论是审美还是道德的羁绊都被他摒弃；他宣称，他可以在任何一种创作实验中走到极端，达到极限，丝毫不考虑任何连续性与连贯性。每一个人都可以随心所欲，都可以按照自己的意愿变成另一个样子，无论其表现如何，派别怎样，是小肠出了毛病，还是眼睛产生幻觉，也无论他是道学家和苦行僧，还是男同性恋者或食粪动物。我少年时即产生的多姿多彩的恶习此时达到了歇斯底里的高峰：我的牙齿贪婪地狂咬加拉，我本人则迷恋上了几头死驴子，它们身上散发出先验论强烈的阿摩尼亚气味。对我来说，人体的气味变得像弥撒一样神圣，人们把污染空气和肛门享受视为不体面的行为，即使是干干净净的屁股；他们把鼻子调开，不去闻自己弯来拐去纠缠不清的内脏。而在这一切之上，高昂着若干伟大而著名的手淫者面孔，他们浮肿而又疲惫,上面爬着一个长着拿破仑肚子和希特勒女人式大腿的御用蝗虫,它直想往我的喉咙里钻。这才仅仅是开头哩!

——《达利的秘密生活 一个天才的日记》

3. 战争题材

我喜欢内战的方式,喜欢所有的挂剑图、拎环和华而不实的东西。战争是一幅更具有活力、更富有美术性的图画,它代表着法律,而我喜爱法律,憎恨吉卜赛人。他们的生活有点像蚂蚁,他们共有的不贞洁和浪漫主义令我憎恶,那就是为什么我要捍卫内战,反对吉卜赛人的原因。内战捍卫者的肛门是清洁的,而吉卜赛人的肛门是肮脏的。然而我还应当说,在捍卫当代吉卜赛人这件事上,情况正在改变。美国垮掉的一代采取了吉卜赛人的令人讨厌的邋遢的面貌。但他们的面貌代表着不同的一代,他们蓄发是博学的天使般的寻求的结果。他们寻求感情上的发作,与西班牙和苏联的吉卜赛人所寻求的正相反。他们的肉体的恍惚与像蚂蚁一样生活的吉卜赛人正相反:那心理上极端扭曲的垮掉的一代的目的是尽可能让更多的头发脱落。垮掉的一代和硬壳虫乐队是中世纪天使的变种。我们都知道费德里柯·加西亚·洛卡是个同性恋者,他疯狂地爱着我,曾两次企图奸污我,我特别讨厌他。因为我不是同性恋者,我不想屈服。但我已经感到受宠若惊。我深深地感到他是个伟大的诗人,我肯定欠他"神圣达利"的肛门。他最终向一个姑娘求爱,她代替我做出了牺牲。费德里柯·加西亚·洛卡没有能把我的屁股任他使用,他发誓那姑娘的牺牲同他自己的牺牲是相等的:这是他第一次同一个女人睡觉。

我不仅对吉姆勒兹非常熟悉,而且我还在一生中为反对他做出了最残忍的举动。他是他那代人中最残忍的人之一。是的,但达利更残忍,而且我同路易斯·布努艾尔一样:我们俩受到尼采的强烈影响,我们在一个酒吧里,在马德里,我们决定用毒药水给一位伟大的西班牙人写信。我们的目的纯粹是颠覆。我们早就该像安德烈·布雷东号召的那样去做,就是说,走向街头向人们开枪。但我们没有暴露自己,而是说:"谁是我们能够袭击的最有声望的人呢?"我们忽然想到两个人:作曲家曼努埃尔·德佛拉和诗人吉姆勒兹。我们就只好抽签,抽到吉姆勒兹。事实上我们已使他处于相当伤感的处境,他仍对我们说:"我找到了未来的团体。达利是个天才,而邦鲁尔是一个疯狂的、剧烈的、热情的人,他正在创造最非凡的东西。加希尔是个优秀诗人。"所以我们写了封疯狂的、下流的、充满暴力的信寄给吉姆勒兹。我们告诉他说,他是个肮脏的杂种、同性恋者,我们说的话要比超现实主义所梦见的还要无耻。我们污蔑他所有的著作。起先,邦鲁尔感到不安,不准备把信寄出去。后来我有点火了,所以最终还是把信寄了出去。第二天,吉姆勒兹绝对沮丧,他说:"我真不能理解,也搞不懂那些对我的存在感到如此强烈嫉妒和敏感的人怎么能寄给我如此臭名昭著的胡说八道的信。我怎么也不能理解如此下流的攻击我的话。"那时在西班牙,一个莫名其妙的事件是有所安排的,我们成功了。

　　每当有个朋友死时,我尽力设法使自己相信我就是谋害者。如当马奎斯死时,我就对自己说:"是我杀了他。"我本质上是个耶稣会的人。我知道我说的不是真实的,但整天或那么一刻钟我都高兴地想道:我是个罪犯。这给我带来了强烈的罪恶感。最终,我的理性告诉我,我不负有责任。我躺在沙发上睡着了,浑身插满世界上最假充神圣的羽毛。如果有一天由于我的军事攻击使得彼得·摩尔死了,我就会说:"我是谋害者。"在午饭时,我要找一种方式。如果达利躺下了,每个人都会满足的。有一次我接待了一个写信给我的女人,她以前曾见过安德烈·布雷东。因为她狂热地迷恋超现实主义者。她拿出一张正规的印有说明文字的名片:××太太,施虐—受虐狂。这就是整个标题。

　　不管是死是活,他们依然存在。锡耶纳画派是一伙无足轻重的人!我认为绘画真正开始于古典混合颜料的发明。

　　我不相信核战争会导致这个世界的末日。我们现有的所有炸弹还没有这种能力。基督教《启示录》的观念来源于地质学。末日不是人为的灾难。世界末日的想法从未使我怕过。如果这个世界要灭亡,甚至是今天下午,我会高兴地赞同。但如果只有一个人还幸存,毫无疑问,就是达利。我将是最后一个人。

——《达利谈话录》

八、宗教题材

1. 宗教和神话

如果遇到基督，我对他什么也不说，毕竟我不认识他。我可能向他问声好。我的态度跟伏尔泰的一样，他无论什么时候经过圣体匣总是脱下帽子。一天，有位朋友吃惊地叫道："我还以为你是个无神论者呢。"伏尔泰回答说："听着，上帝和我虽然彼此不太友好，但我们互相之间却能在街上问候。"

有两种教皇：呼吸型和消化型。我荣幸地被帕切利接见过，他是呼吸型教皇的典型：他长得瘦长，像根大象牙，富有想象力。我本人确实喜欢像约翰十三世那样的消化型教皇。至于他，总是有东西可吃！他是个好牧羊人。在我们这个时代，人们到处奔波，教皇必须是个好传道人。像在巴黎这个拥挤的世界到处是出租汽车，一个好牧羊人正在做一件好事，他像个警察，如有必要他就叫你走开，以避免交通堵塞。目前的教皇是个呼吸型的，他呼吸得非常多，所以他需要去许多地方。我发现这不会给他带来舒适。教皇应该坐在那儿。

经常在身上画十字！我甚至经常跪下来祷告。我很少去教堂，因为我不是个实践的天主教徒。我曾去过的唯一的教堂在卡德奎兹的小庄上，我去那儿的教堂只是为那儿人做个榜样。我常在别人脑壳上为自己画十字。所有有价值的宗教诞生于希腊神话中的地中海沿海地区。我对尤卡坦不感兴趣。天主教要深远得多。天主教有吞并所有宗教和取得一个完全的、古典的、完善的成就的可能性。事实上，我并不是人们想象中的基督教徒。我总是把基督看作是个伟大的宣传家，但就宗教是发明的这一观点来看，基督是不存在的！他爱众人，就像达利一样。在这方面，他肯定打败了我。因为我努力使自己成为奸夫，他强迫人们记住他，他彻底成功了。但从宗教角度上来讲，他是不存在的！天主教最有价值的大教堂是洛约拉教堂，它是耶稣社团的创建基地。耶稣是我们伟大的战略家。从心理学角度讲，他与列宁有某种相似的地方。我甚至注意到他们的肖像惊人地相似，他们的眼神和额头也是如此。

你只知道从菲利普二世熟悉的方面来理解，他是历史上最骇人听闻的家伙，他谋杀了三个妻子，他犯的所有的罪是与教会和法律相一致的。

很久以前，我向安德烈·布雷东建议我们以奥古斯都、孔德的实证主义为基础建立一个宗教。能蛊惑我的事是他对黄金的迷恋。他断言一个新的宗教的建立只有依赖于银行家们的恩赐，我完全被他的断言所影响，一个有银行家们加入的黄金宗教对我来说将有极大的可能性。

1950年，我做了一个"宇宙梦"，梦中，我看到这个彩色形象，在我的梦中它代表"原子核"，这个核不久成了超自然的感觉。我认为这个"宇宙的特殊个体"就是耶稣！其次，感谢一位卡迈勒派修士布鲁诺神父的教诲，我看到了圣约翰的基督素描。我用一个三角形和一个圆，它们"在美学观点"上囊括了我先前所有的实验。我就是用这个三角形来刻画我的基督的。

我们把《圣约翰十字架上的基督》从工作室移到卧房，这样我就可以继续画下去，盖上一块白被单以后，就不用担心碰到油画表面了。我说，我不相信，万一它发生什么事的话，我还能再画一遍我的基督。它真是礼仪上的极度痛苦。十天后暖气装好了，我得以完成这幅绘画,把它送到伦敦,它在那里的里浮利画廊第一次展出。

我的老师中唐·爱斯杰班·特奈杰尔第一个常年对我说,上帝并不存在。他还不容反驳地补充说,宗教纯粹是"女人的事情"。尽管我当时还处于少年时代,这一思想已使我欣喜非常,其中显然包含着某种闪光的真理。因为我以我自己的家庭为例,每天都可以证明它的正确性。我们家只有女人才上教堂。至于我父亲,他拒绝这样做,宣传自己是个自由派思想家。为了更好地证实自己的自由思想,即使是说无关紧要的话时,他也爱用一些奇奇怪怪,有时甚至是亵渎神明的生动话语。只要有谁对此表示不满,他就会极其开心地重复他的好朋友阿拉马尔的警句:"亵渎神明乃是加泰罗尼亚语的最好装饰。"

首先,我得讲一下我父亲的悲惨命运。它理当由索福克勒斯来描绘。对我来说,我父亲其实是这样一个人:他不仅是我称颂的人物,而且是我模仿得最多的对象,不过这并不妨碍我在长久的岁月里为他带来痛苦。我恳求上帝在天国给他一席之地,并且相信他已经住在那里了。因为在他一生的最后三年发生了严重的宗教危机,这危机最终给他带来慰藉,为他免除了最后的圣餐仪式。

然而在我的童年时代,当我的心智追求知识时,我发现父亲的书房里尽是无神论的书。我翻阅这些书籍时,决定不接受任何信仰,深信上帝并不存在。我以难以令人置信的耐性阅读百科全书派的著作,这些东西照我的看法,今天只会使人感到无聊透顶。伏尔泰在其《哲学辞典》的每一页上都向我提供了不容反驳的证实上帝并不存在的法律依据(这很合父亲的胃口,因为他本人就是公证人)。

在布勒东听都不愿听宗教的日子里,我自然没有放慢接受宗教的速度,它既是施虐性的又是受虐性的,同时又与偏执狂状态和幻想状态有关,促使我去思考它的是对于奥古斯特·孔德著作的阅读。我觉得,超现实主义团体或许可以在这位哲学家尚未完成的方面取得成功,首先,得让未来的大祭师安德烈·布雷东对神秘学说感兴趣。我曾经企图向他说,如果我们坚持的一切的确是可信的,那么就应当用某种宗教神秘的东西来予以补充。应当承认,我当时即预感到,我们最终将回到罗马天主教会的真理,该教会当时即以其光辉颇使我着迷。布勒东对我的解释故作宽厚地笑了笑,依然回到费尔巴哈那里去;而费尔巴哈的哲学——我们现在已经知道但当时想都没有想到——含有某些唯心主义因素。

当我阅读奥古斯特·孔德的著作,并且努力奠定我新宗教的坚定基础时,加拉用事实证明,我们俩中谁更是一个彻底的实证主义者。加拉成天同颜料商、古董商及艺术品修复艺人打交道,向他们买画笔和胶水等物品,保证我每天的需要,直到将粗陋的画图和烂纸贴满画布,然后真正着手严肃的绘画为止。当然,在那些日子,当我完全现身于创造自己的达利宇宙进化论时,我根本不愿听到什么技术。语言物质衰变的时钟,不用煎锅煎成的两个蛋及其视觉幻象都与我的宇宙进化论有关,则使我想起我出世时所失去的子宫乐园。我甚至没有时间来一一描绘这些东西。不过,这已经足以说明我想说的事情了。至于要完成和加工我的创造,姑且留待后人来操心吧。

——《达利谈话录》《达利的秘密生活 一个天才的日记》

2. 我变成了基督

我大概是在5点钟被叫醒的。建筑承包人皮尼奥来了,我请他来帮助我画几个几何图形。我们关在画室里,一直待到8点钟。我指示他:"现在再在这儿画一个八面体,不,不是原来那样的,让它的倾斜度更大一些,对,再画一个,包围第一个,与第一个处于同心位置。还有……"

这个佛罗伦萨的普通手艺人非常灵巧,他认真地执行我的指示,速度快得能跟上我的思想。他画错了三次，而我认真改正之后，三次都发出了公鸡式的尖叫。这使他感到不安。在我而言，公鸡的尖叫只不过是一种表达方式，是内心强烈紧张的宣泄。原来，这三次错误是上苍赐给的。它们在转瞬之间就显示了我绞尽脑汁苦苦追索的一切。当皮尼奥将我一个人留下时，我又坐了一会儿，享受薄暮，陷入思索。后来，我用炭笔在画布边上写了现在写进日记中的几句话，我在抄录它们时，发现它们比原来更美了："任何错误中似乎都有来自上帝的东西。因此不要急于把它纠正。恰恰相反，要努力理智地认识它，深入发挥它的实质。这样，它的珍贵含义就会对你展现出来。就其本质而言，几何作业是虚幻的，不会促使阴茎勃起。因此，很少有几何学家是火热的情人。"

又是我可以放心地分泌口水和流口水的一天。我六点吃完早餐后就急忙开始画《升天图》中的辽阔天空。可是随即又决定暂缓一下，先在画布上详细地重现那唯一闪光的东西。昨天抽到的那条鱼身上最富有银色光泽的那一片鳞甲，当我发现鱼鳞似乎从我的笔尖上接过光源真的在闪亮时我停了下来——古斯塔夫·莫罗不是幻想他的笔尖上长出黄金来吗？

这种事情最能引我流口水。于是，我觉得我口角的毛病渐渐发作，燃烧起来，同鱼鳞一起发出耀眼的光辉，变成我的女模特儿。从午后直到黄昏时分我都在画天，正是天能使我不断流口水。我嘴角的口疮产生了强烈的疼痛感，似乎有一个水蛭那样的神奇的虫在吸咬我的嘴唇，这使我联想起波提切利《春》中的隐喻性人物，他的脸上长着一些奇特的赘瘤。我让我的留声机大声吼叫的巴赫合唱曲的旋律中正是有这样的赘瘤，它们也在我的口疮中肿胀、溃烂。

我十岁的模特儿男孩胡安来了，他叫我同他去海边踢足球。为了逗我开心，他拿起画笔，用它指挥合唱曲的结尾部分。他的动作是那么和谐优美，使我慨叹平生没有见过比这更好的指挥。加拉若有所思,但她晒得黑黑的,那么漂亮,衣衫不整,楚楚动人,从来不曾如此令我入迷。她捉住一只萤火虫,就像我早上的那片鱼鳞一样发出奇妙的光彩。

这只萤火虫使我想起我的第一次文学尝试。我当时七岁,写了这么一个故事:"一个6月的深夜,小男孩同妈妈一起散步。从流星上滴下雨来。小男孩捡起一个星星,放在手心里拿回家去,他把它放在自己的床头柜上,用被子倒过来盖住,免得它飞走。可是第二天早上他醒来后却恐怖得大叫起来:他的星星在夜里被虫吃了!"

这个故事让我父亲大为震惊——愿他的在天之灵安息!从此之后,他老爱讲它,似乎它比奥斯卡·王尔德的《快乐王子》好得多。

我今天晚上入睡时,将享受达利充分的现象联想,因为我将在我的《升天图》的辽阔天空下安眠,而这天空又是我在我腐臭的鱼和创口的闪光鳞片下画成的。

应当指出,所有这一切都是在法国自行车大赛时发生的。关于这次比赛的种种情况我是从乔治·布利克的广播讲述中得知的。身穿黄色背心的波贝冲在最前面,摔脱了膝关节。天气热得让人难受。我多么希望让整个法国都爬到自行车上去,让全世界都大汗淋漓地蹬踏板,让所有的人都像阳痿患者一样吃力地攀登难以行走的山坡,而此时,幸福的达利却隐居里加特港迷人的静谧环境中,将在画布上描绘最令人惊叹的恐怖场面。

这一天如同头一天早上一样。我决定花大约十五分钟的时间来使画布上飞鱼的鳞甲一片片发光。但大群肥胖苍蝇的嗡嗡叫声使我中断了这一工作——它们是鱼的腥气引来的,其中有几个还闪着金光。它们在臭鱼和我的手、脸之间来回乱窜,分散了我的注意力,妨碍了我的工作。因为我不仅要耐心细致地工作,还要忍受它们令人厌烦的叫声,并且不动声色地加工细部。可是正当我在勾画鳞甲的轮廓时,一只发疯的苍蝇却挡住我,另外三只则牢牢地抓住死模特儿不放。为了继续进行观察，我不得不略微改变苍蝇的位置，特别是喜欢待在我口疮里的那一只。我不时轻轻地抽动嘴角，将它从那里赶走；同时使劲而又平缓地露出牙齿，略微屏住呼吸，似乎这样就不会妨碍准确作画，继续工作，我有时甚至得俘虏这只苍蝇，直到觉得它在我的口疮里挣扎才放它一条生路。

然而，使我中断工作的根本不是这巨大的磨难。因为当苍蝇真真正正在咬我的时候，继续作画的超人任务反而赋予我灵感，为我提供了随机应变的机会。不，使我中断工作的是鱼的气味，它臭得那么厉害，弄得我几乎把早餐吃的东西通通吐出来。因此，我要把这腐烂的模特儿拿开，并且已着手画我的基督，可就在这一瞬间，原来分别驻守在我和鱼身上的苍蝇全都集中在我的皮肤上来了。而我不仅一丝不挂，身上还留有一些从瓶子里打泼出来的固定剂。我想，正是这些固定剂把苍蝇引来的，因为我本人的皮肤可是无比干净。我全身爬满苍蝇，画得越来越好，同时用舌头和呼吸保护我的口疮。我轻轻地把舌头抬起来，轻轻打湿上边的一片疮壳，从种种迹象判断，它很快就要脱落下来了。我用呼吸将它慢慢吹开，在挥动画笔的同时猛吹一口气。这硬壳实在太干，单用舌头很难将它弄下来，我即使不断抽动面孔做出种种怪相来帮助也无济于事。显然，这层薄薄的疮壳同干了的鱼鳞一样难以同鱼皮分开！不过，我若是不断重复这一手法，我一定能从自己身上剥下许多鱼鳞来。我的口疮原来是一个真正的生产云母片一样的鱼鳞的作坊。只要我扯下一片来，我的口角马上又会出现第二片。

我将第一片鳞甲吐在自己的腿上。这是前所未闻的成就！我立即产生一种刺痛的感觉，好像这鳞甲钻进我的身体去了一样。我放下画笔，闭上眼睛，我需要集中注意力，才能保持不动状态。结果我的脸上爬满了苍蝇。我的心害怕得咚咚直跳，此时我突然明白，我是把自己当作臭鱼了，而全身更产生了一种不习惯的麻木感。

"啊,上帝!我变成了鱼!!!"我大声喊道。

此时,我的大脑中马上就浮现出证据,说明这种想法本身并非没有道理。我的口疮上脱下来的鳞甲先是烤灼着我的腿,随后繁殖开来。我觉得我的两条腿上都长上了鳞甲。先是一条腿,接着是第二条腿,现在则长到肚子上来了。我想彻底品尝这一奇迹,因而大约站了十五分钟,一直不敢睁开眼睛。

我毕竟未能把这奇迹相信到底,暗暗对自己说:"现在让我睁开眼睛,看我是否真变成了一条鱼。"

我大汗直流,落日逐渐减弱的热度使我浑身暖烘烘的。我终于把眼睛睁开了……

确实如此!我全身都长上了闪闪发光的鳞甲!

的确,我马上就猜到了这些鳞甲是从哪儿来的:这只不过是干了的、变成结晶体的固定剂罢了。真是无巧不成书,这时女仆正好走了进来,她给我送午间小吃,还有浇上橄榄油的油炸面包。她从头到脚打量了我一通,简单地总结道:"您看您从头到脚全是湿的,就像条鱼一样。不过,我弄不明白,这么多苍蝇在折磨您,您怎么还能画画!"

我一个人留在画室里,直到天黑都陷入幻想之中。

啊,萨尔瓦多!你变成鱼,由于苍蝇强加给你的死刑,这是基督教的象征。你的这一变化不是别的什么东西,而是你与基督认同的、典型的达利奇特方式,因为当时你正在画基督!

"生活首先是参与。"自狄俄倪索斯·阿雷奥帕格以来,西方没有任何人,无论是列昂纳多·达·芬奇和巴拉塞尔苏斯,还是歌德和尼采,同宇宙的相互理解都没有胜过达利。将人纳入创作过程,为社会生活和宇宙生活提供食粮,这便是画家的作用。毫无疑问,意大利文艺复兴时期公爵们最大的功绩在于,他们懂得这一明显的道理,并聘请达·芬奇或布鲁内莱斯基来组织自己的节庆。

——《达利的秘密生活 一个天才的日记》

3. 子宫是天堂

　　我想我的读者们已经不记得或者只是依稀记得自己出生前在母亲子宫里度过的生命中极其重要的时刻。可是我记得,我回忆起那个时期恍如昨天。所以我打算将这段真正切实的开端,也就是这些如此非凡和清晰的回忆作为这本有关自己秘密生活的书的开端。我仍然保持着这段子宫里生活的回忆,无疑它将是世界文学有史以来首次得以问世并被系统描述的回忆录。

　　我相信我这样做会引出许多类似的回忆,起初它们会怯生生地出现在我的读者们的记忆里,或者至少在他们的思维里找到一种纷纭的情感,那里有不可言喻且解释不清的感受、形象、情绪和生理状态,这些都会逐渐汇成一种产前生活回忆的轮廓。在这个题材上,奥托·兰克博士轰动效应极大的著作《出生时的创伤》对读者肯定有所启迪。至于我,我想说明的是,我在子宫内时期的个人回忆极其清晰和详尽,但它只不过是印证了兰克博士论断的各个观点,特别是这个论断最普遍的那些表征。因为他把子宫内时期与天堂,把出生——出生时的创伤——与"失去的天堂"的神话联系并等同起来,而出生对于人类生活具有决定性意义。

　　的确,如果有人问我"里面怎么样?"我会立即回答说,"美极了,是天堂。"可是天堂又是什么样的呢?别担心,下面不乏其详。不过,请允许我先做一个简单的总体描述:子宫内天堂的颜色正如地狱的颜色,就是说,有红色、橙色、黄色、蓝色,是火焰的颜色,火的颜色,更主要的是,它柔软、静止、热乎、匀称、有层次、有黏性。在那个时期,对于我来说,真是满眼欢乐,千娇百媚,而看起来最华美最迷人的东西就是平底锅里的一对儿煎鸡蛋,可是并没有平底锅。也许就是由于面对这个具有强烈吸引力的景象我才产生了那种惶惑和冲动。从那时开始直至在我生命全部过程中我都能体验到它。鸡蛋，平底锅里的煎鸡蛋，没有平底锅，我出生前看到的鸡蛋是宏伟的，闪着磷光，它微微发蓝的蛋清上的所有褶皱都非常细腻。这两个鸡蛋(向我)接近，又退缩回去，它们向上向下向左向右移动着，已经达到了珠母贝火焰般的强烈彩虹色。不过后来还是逐渐减弱，直至最后消失。之所以现在只要我用手指使劲压住瞳孔，就能够随意再现类似的情景，就会在我眼前出现鸡蛋闪耀的情景，尽管它已经弱化了很多，没有了当初那种雄壮和魅力，就是由于这种压力造成的压眼幻觉，就是把我攥着的拳头顶在眼眶周围的那种压力。这是典型的胎位表现。把眼睛闭紧，以便能够看到彩色的圆圈，这是孩子们常玩的一种游戏，这些彩色的圆圈"有时候叫天使"。这时候孩子可能会力图再现其胚胎时期的视觉记忆，他会压住他十分怀旧的眼睛，直到把眼睛都压疼了，为的就是要从眼睛里看到他渴望已久的光线和颜色，为的就是要看到自己重新接近他在失去的天堂里就已经领会到的幻觉般的神圣天使光环。

外来危险具有激起和加剧我们子宫内回忆幻象和表现的作用。我记得小时候，每当夏季暴风雨即将来临时，所有的孩子都会拼命地跑到盖着台布的桌子下面藏起来，或者匆忙用椅子和毯子搭个小房子，它可以把我们遮盖起来，让我们免遭风雨，继续做游戏。听着外面雷雨交加，我们多幸福呀!想想我们还做游戏，多惬意呀!我们缩在里面的时候，特别喜欢吃糖果，喝热糖水，同时还力图装着我们是在另一个世界里生活。我把这种在暴风雨里做游戏称作是"玩钻洞""玩投宿帕图费特"。我如此称呼这个游戏的原因在于：帕图费特自古以来就是加泰罗尼亚流传最广泛的儿童英雄。他非常小，有一天他在田野里不见了。原来是一头牛把他吞到肚子里，以保护他。他的父母到处找他，喊着："帕图费特!帕图费特!你在哪里?"他们听到了回答声："我在牛的肚子里，这里不下雪，也不下雨。"

就是在这种人造牛腹洞里，这种由暴风雨天气的电压造成的洞里，我的帕图费特式想象力催生了我大部分准确无误的产前回忆形象。这种回忆—形象在我的余生里起了决定性的作用，以至于总会出现下列形式的奇怪游戏：我手脚相接，倒伏在地，然后任凭我的头垂下来，让它像个钟摆似的晃动，这样我全部的血都会向头上涌去。这种动作一直持续到我产生了一种眩晕的快感。这时，我并没有闭上眼睛，我看着从一片漆黑中（一种与现实黑暗无法比拟的更强烈黑暗）闪着磷光的圆圈，圆圈里有著名的煎鸡蛋（没有煎锅），这在本书中已经描述过。这些火红的鸡蛋最终溶化为一片非常柔软而且没有定型的白色糊状物。它就像被朝着四面八方拉开一般，而它那可以适应各种形态的极度可塑性似乎总是随着我的不断增加的欲望而增加，我看到它被压碎、折叠、再折叠、卷绕和向着两端碾压。我觉得这是快感的高潮，我将乐意让它最好一直是这样！

——《达利自传》

4. 人的降生

看来越来越让人相信的是，人的全部想象生活趋向于通过最相似的处境和表现，象征性地重现那种最初天堂般的状态，特别是还要战胜可怕的"出生时创伤"。经历了创伤之后，我们被逐出天堂，猛然间从那个封闭的理想保护环境里来到了恐怖现实中充满各种艰难险阻的新世界，这里窒息、理解、外界光线突然出现造成的目眩、世间现实中的野蛮粗暴等现象共存，而这种野蛮粗暴就会在痛苦、惊恐和不悦的标记下印刻在人的头脑中。

看起来，死亡的愿望常常被解释为那种要回到我们来源地的迫切和持续的冲动，而自杀普遍是那些没有能够战胜出生创伤的人所做的，那些人即使处于辉煌的社会环境里，所有的烛台都在客厅里闪烁，他们也还会突然决定要回到死亡之家。同样，在战场上被子弹打伤而死去的人,他们唇间念叨着"妈呀",恐怖地表现了他们的愿望,他们要反向出生,回到他们从那里出来的地方。没有什么比这能更好地解释某些部落的安葬习俗了,他们把死者摆成蜷缩状,死者的姿势完全就像个胎儿。

　　不过,并不需要经历这种死亡时刻的明确体验人们也可以周期性地在睡梦中复原一些这种人为死亡,这种天堂般状态的感觉,以便从中再捕捉到它哪怕是最微小的细节。睡眠者的姿势在这方面是最说明问题的。具体到我来说,我先期睡眠的姿势不仅仅是典型的蜷缩式,而且更是由小小的举动、抽搐、变换姿势组成的哑剧,而这不过是一场近乎弥撒仪式所需要的秘密芭蕾舞,一次将身心投入暂时涅槃的行动由此开始,我们从中可以进入我们已逝天堂的宝贵片段。在入睡之前,我蜷缩成胚胎的姿势,用力以其他几个手指压住拇指,把拇指都压疼了,还专横地要把背贴在那象征胎盘的床单上,我以越来越接近于完善的持续努力,尽力让床单贴近我的身后,而温度对此并无影响。这样即使再热,我还是这样被包裹着,尽管这个包裹并不厚。同样,我的最终睡眠姿势也有它严格的规范。例如,我的小脚趾必须是尽力向左或向右,我的上嘴唇必须难以觉察地压住枕头,这样睡梦之神莫甫斯才有权掌握我,才能完全拥有我。他战胜了我,我的身体才能逐渐消失,才能进入我的头脑,以它的全部重量充斥我的头脑,更准确地说,才能在我的头脑里完全站住脚。

　　这个自我介绍接近于我的子宫内人物回忆,我可以把它定义为两个圆形物——可能是我的眼睛——周围的某种重物。我频频把睡梦魔鬼想象和表现成一个极其沉重的巨大脑袋,它的身体只是一丝细微联想,神奇地被多种现实支撑保持着平衡,也正因为如此,我们才在某种程度上在睡梦中被悬浮于地面之上。支撑物常常支撑不住,我们就"掉了下来"。毫无疑问,我们的大部分读者都体会过这种睡觉时突然掉进虚空中的强烈感觉,结果被吓醒了,心中惊恐不已。你们可以放心,这只是让你们猛然回忆起出生时的感觉,重现你们被驱逐和坠落在外那个时刻的惊慌失措的感觉。先期睡眠就是重新回忆以没有运动为特征的产前时期,它为那种坠空的戏剧性回忆的开展做了铺垫。只要人极度疲惫或者有那种要逃避白天的小心翼翼生活的阵发性需求,就会在准备进入最美妙而又极其渴望的并能恢复体力的睡眠时产生先期睡眠坠空感。

正是由于弗洛伊德,我们才知道了所有以飞行为特征,特别是以其根源为特征的东西的重要象征意义,它充满着十分明确的色情含义。实际上,没有任何东西比"飞翔"之梦更具有极乐意义了。在人类时刻的无意识神话中,只是注意到了那种"征服了天空""到达了天堂"的幼稚喜悦,它体现在这些基本思想(在这些基本思想里,飞行器占有一种新神灵般的地位)的救世主特性上。就像我们刚刚研究过的那样,在我们个人先期睡眠中那种猛然掉下来把我们突然惊醒的感觉就像是对我们出生那个瞬间的唐突回忆。而就是在今天的先期睡眠中,我们找到了那种带着降落伞跳出的感觉,我敢肯定,而且丝毫不害怕我会弄错,就是这只能是由于1914年战争造成的真正从天而降的新生婴儿雨,所有这些空降儿都无力克服他们初生的可怕创伤,他们怀着要不惜一切代价而且"以另外一种方式"再生的童心无望地力图在空中加速下落,可同时又被脐带悬吊在母亲降落伞的柔软胎盘里。降落伞的作用和有袋目动物囊袋的作用一样。实际上,大袋鼠的囊袋在生产的猛烈过程中起到了缓冲的作用,我们也是在这种猛烈的过程中被残酷地逐出了天堂。

萨尔瓦多·达利新近创造的半人半马有袋怪物也具有这种出生降落伞意义——亦即"降生"。正是由于半人半马有袋怪物的这个"洞",它的孩子们才可以任意进出于它们母亲的身体,也就是孩子们的天堂,以逐步适应周围的环境。与此同时,它们也愈来愈切实地从自己的回忆中得到安抚,这种回忆是无意识的,但深嵌于它们的灵魂之中。这种对已经失去的产前极其美好天堂的回忆只有死亡才能予以部分的补偿。

——《达利自传》

5. 死亡的价值

我特别看重死亡的价值。在性欲主义之后，我最感兴趣的主题就是死亡从我还是个怀抱中的婴儿时起，就在任何人向我说那不可避免的死亡问题时，我总是大叫："谎言！"我总感到一切到了最后时刻都会有办法。我的看法还没变。如果我相信死亡，那依照这个字的传统概念来说，即相信衰败和虚无。我将像一片树叶一样颤抖，忧虑将使我吃不下饭。但那毕竟不是我的信仰。

既然我没有上帝给予的信仰，我就依赖于我所学到的，我的宇宙进化论——这个时代带给我的特殊的科学。我承认罗马天主教使徒会关注我的灵魂不灭的说法。我过去的历史、我的家庭、我的父亲——一个无神论律师——不允许我有信仰。由于没有这种信仰，我接受将把我从死亡中解脱出来的科学论点。

恰好今天是万圣节，我送了一个花圈到勒·柯布西埃的墓地前。因为一方面我看不起他，另一方面我是个十足的胆小鬼。毕竟如果来世存在的话，我不得不遵循某种章程，以便有最低限度的保证。我与帕斯卡遭受一样的痛苦。

我认为帕斯卡没有和上帝搞两面派。我发现他对于宇宙进化论的概念有相当严重的错误。帕斯卡认为人类被置于无限的宇宙中，人类是宇宙中无穷小的一部分。他不相信人类的科学力量。他在无限的艺术星际空间迷茫，他得到的却是形而上学的脓疮。今天，达利彻底反对这些概念，他激烈地反对耶稣会士特别是当代最大的耶稣会士——泰哈德·查丁。因为后者说过，宇宙是个整体，在日益增大，而我则相信宇宙还没有一只蝴蝶大,而且从未停止过收缩。宇宙正在汇集,没有扩大。宇宙在大枯萎,正聚集在太空中的某一点。对于我来说,这一点就是佩皮尼昂火车站。所以在此时的万圣节,达利成为整个宇宙的中心。就在我和你交谈的这一瞬间,宇宙正变得越来越小。勒·柯布西埃……显然,勒·柯布西埃已第三次走下坡路了。这是由于他的强化混凝土和他的建筑,还有他那些世界上最难看、最不为人接受的建筑物。同样,如果上帝存在,他将期望我的行为就像个绅士一样。所以我为他明年的逝世纪念日已订了永恒的花圈,并且大喊:"反趋势万岁!"今年,他的遗体已接受了无数的荣誉,安德烈·马尔先生为他做了祷告。因为他是我的敌人,而且将来没有一个人会记得他的逝世纪念日,我将是唯一在那天去送花圈的人。

我的敌人越是愚蠢,我越是努力把世俗的荣誉赠给他们。让这些杂种去假装高贵吧!有一幅委拉斯开兹的画,画的是一个胜利者正带着无比微妙的神情卡着失败者的脖子,恰恰在这时,失败者正把城市的钥匙交给他。我强调我对我的敌人的极大关注。勒·柯布西埃越是死了,我就越是活着。有一种相反的感情激发了我的神经——对其他事物的反映。从现在起,如果我一想起我所有死去的朋友,特别是那些被枪杀和被谋杀的朋友时,我就要兴致勃勃地品尝最小的沙丁鱼的滋味。他们会立即为我变为达利主义者。作为报答,我热忱地吃着沙丁鱼,因为就是代表这些死者。由于他们的缘故,我将成为贪食者。生存或者是慰藉,当其他人死了时,他们会变为达利主义者。他们一死就开始为"神圣达利"而工作。最近根据日本科学家计算出的公式似乎真正的达利不是我要寻求的那个,而在我之前就确确实实地存在了。

我个人的肉体就是个王国。国王们,甚至那些私生子也象征性地来自于上帝。这些国王仅仅是我本人的使者。

我是突然发现这种解释的。每天,我都用双手双脚和法国颓废派的艺术手法来毁去我兄弟的形象。今天,我要他把花朵带到墓地去。他是我的黑色上帝,因为他和我就是北河二(双子座A星)和北河三(双子座B星);我是双胞胎中不朽的那个,他是终有一死的。我不时地杀死他,因为"神圣达利"不能与先前的世俗的人有共同之处。

这是一个神话,那个问题在1950年6月5日就解决了。那天我们共同的朋友彼瑞博士宣读了他的关于达利的神秘主义的论文。我一生中第一次在一种无法比拟的紧张兴奋中体验到了绝对真理:一种精神分析学揭示了在我那悲剧性的结构基础上的巨大矛盾。在我的内心深处,我那死去的兄弟不可避免地存在。我的父母非常喜欢他,当我出生时,我的父母给我取了他的名,萨尔瓦多。现在我懂得了每当我走进父母的卧室和看到我那病死的兄弟的照片时我心中的恐惧:一个在带有装饰图案中的可爱的小孩……我时常将整个身心处于一种完全衰败的境地来描绘我理想中的兄弟。只有想到自己的死、接受躺在棺材里的念头时,我才能使自己睡着。彼瑞博士使我认识到一个原始的神话。这个神话就像北河二和北河三给我的必要的、出自内心的那种现实感受。一个出自内心的经历正确地判断着我的存在的精神结构。

这不是信仰!它是被一位科学家用必需的证据透彻地说明的一种发现。但愿说明了我的心理特征。

什么也妨碍不了。如果有的话,它将起的是激励作用。但是根据天主教的观点,信仰并不是靠意志或信条能够获取的恩典。只有上帝才赐给这种恩典,而这种恩典完全是无理性的。任何人都没有理由说上帝应当或不应当赐给我这种信仰,但我目前尚没有。

每当我感到事情就要成功时,忧虑就产生了。但最终,事情总是成功。

事物每天都在向好的方面发展。尽管有着许多的事情,但信仰也许是较为急迫的。我要详述对冬眠和能继续存活下来的见解,它们在我的思想中占很重要的地位，一想起它们我就极为兴奋。

我完全相信科学将发明能延长生命的深冻方法。智力不是突发的力量，因为几乎我们所有的人都是傻瓜。计算机会自己来安排工作程序。我们已经拥有着比使用它们的人更庞大的控制论机器，计算机甚至给使用它们来解决疑难程序的科学家们带来严重的恶作剧。因为有时计算机就像白痴一样给人类那难以容忍的逻辑一个不可思议的报复。我已收到一些高度复杂的有关保存脑细胞的报告：脑细胞可以在一定的温度下完好地储存起来。五十年之后，在实践方面似乎会显得十分怪诞，但我深信我们迟早会把我们的知识用于有益的工作。三个星期前，日本科学家使已冬眠了十天的猫的大脑又复活。我禁不住变成一个乐观主义者，我将及时地抓住这个最新的发现，我将获益于继续存活的可能性。

我们来谈谈真正的死亡，首先是绘画史，但我更喜欢比较熟悉的死亡。是的，我个人的尸体。那些高质量的尸体永远使我负着巨大的罪恶感。第一个就是费德里柯·加西亚·洛卡。我听说他死时，我的反应如同一个恶棍。有人把登载他死的消息的报纸给我看，我看到他是被枪杀的，便大叫："哦啦！"那是当一个斗牛士在沾满血迹的野兽面前表演特别好的技艺时西班牙人说的话。对于费德里柯·加西亚·洛卡，我感到他在南北战争中死去是死的最好方式。

这是艺术性的。我始终反对他诗歌中的民间传说。他的诗歌中有太多的浪漫主义，有的东西我发现难以接受。他太喜欢吉卜赛人，他们的歌曲、他们的绿眼睛、他们那似乎用橄榄和茉莉花浇铸的肉体：所有这些废物都是诗人喜爱的。他有个讨厌的倾向，就是把吉卜赛人看得比内战更富有诗意。

如果我是十四个孩子的父亲，我决不会自杀，即使我是四十个孩子的父亲。

如果我被判处死刑，并且被允许选择死亡的方式，我会选择一种最引人注目和让我最能自我炫耀的方法,一种能让我讲话、发表演说的方法,简而言之,就是能使我获得好处的方法。

我有一千万件事要做,明天就开始,所以我需要大大延长我的生命。这应是科学成就的终极。至少需要普通生命的五十多年。借助这延长的生命,我想我能做出一些伟大的事情。我讲过由于研究冬眠和抗引力的科学工作的开展,我准备以加拉的名字设立一项国际奖。佩奇斯博士要我相信这两个科学领域将会联合起来。由于引力的作用,生物细胞容易受到不断挤压。一个细胞是一种受到引力不断挤压的臭虫,这种臭虫最终变平、衰老、死亡。现在要是有一种抗引力盛器与那冬眠所必需的钢瓶共同联合起来多好,我们就可以进行一次宇宙遨游,当达到光速时,我们就会变得更年轻。

沃森博士的脱氧核糖核酸正产生奇迹。当一个人认为一切完了时,他把自己关闭在一个复杂的结构中。由于这些发明,继续存活开始了,这要比治愈肝脏、心脏毛病或根治癌症更为重要。

这一天我都在思考死者和我自己:我回忆在格林那达被枪杀的费得利科·加西亚·洛克,在巴黎自杀的赖涅·克列维尔和在纽约自杀的让·米歇尔·弗兰克。我思考超现实主义的死亡。被自己的"罗尔斯·罗伊斯"牌汽车葬送的姆季瓦尼公爵。想起姆季瓦尼公爵夫人之死和流亡伦敦的吉格蒙德·弗洛伊德之死。想起斯方杰·茨威格夫妇的双双自杀。想起福希尼亚—柳生兹公爵夫人之死。想起盖特鲁达·斯泰因及何霍·玛利亚·塞尔之死。想起米希娅与门德尔夫人之死,以及罗伯尔·德诺和安东伦·奥托之死。存在主义之死,思考我父亲之死。保罗·艾吕雅之死。

我完全相信,我的分析和心理能力大大超过马塞·普鲁斯特。这不只是因为他忽略了心理分析等我所使用的方法,这首先是由于,就思维结构而言,我是最有代表性的偏执狂。换言之,我属于正适合干这类事情的人,而他却是个情绪消沉的神经衰弱者。也就是说,他天生缺少进行这种探索的能力,这从他的小胡子就可以看出来:它们垂头丧气地耷拉着,比尼采耷拉得还要厉害,与委拉斯开兹朝气蓬勃、充满活力的小胡子形成鲜明对比,更不要说同鄙人超犀牛角式的翘胡子相比了。

无论怎么说,人体身上的植物总是对我有吸引力,且不仅仅是出于审美的考虑。也就是说,根据毛发的生长状况,可以判断一个人有多少黄金。因为众所周知,这二者有密切关系;再说,从对小胡子进行心理分析的角度来看,它(小胡子)乃是性格的可悲常数,是男性面孔最不容怀疑的可靠标志。

还有一个事实也同样明显,尽管我非常乐意改用食品术语来表达它。我希望这些术语能帮助你们比较容易吞下如此复杂如此难以消化的哲学思想。我始终要求这些思想具有严格的明确性,达到纤毫毕现的地步。任何迷雾我都不能容忍,即使是最无害的迷雾。

这就是为什么我不厌其烦地重复,马塞·普鲁斯特以其受虐淫的自我观察和施虐淫、同性恋的欲望扯碎了社会的一切遮羞布,成功地熬制了一碗奇妙的虾子汤:印象派式的超感触的乃至于音乐性的东西。他唯一缺少的仅仅是虾子,也就是说它的虾子味道是用虾子味精弄出来的。达利则相反,他剥掉自己的外衣以及其他种种各不相同的东西时,靠难以觉察的味精的帮助向你们奉献出一盘美味,它没有一丝一毫知识,即未用真正的虾子;它似乎全是清汤,不过其中却有包裹着真实的诱人嫩肉的闪光外壳。概言之,普鲁斯特成功地将虾子变成音乐,而达利恰恰相反:把音乐变成了虾子。

现在,我们且来回顾那些曾经是我的熟人和朋友的死亡,起初是一种快慰之感:他们都变成了狂热的达利分子,开始在我的创作源泉边劳动。可是马上又产生了另外一种感觉,令我心惊肉跳的奇特感觉:我觉得他们的死与我有关。

对此，我不需寻找任何证据，我火热的偏执狂想象本身就会提供我应承担罪责的详细证据。然而，由于从客观的角度来看这纯粹是胡扯，而我又以自身具备的几乎超人的智慧而高踞于一切之上，因而这个问题最终也就自然解决了。结果，我虽然有几分忧郁，但却毫不羞愧地向你们承认，我的朋友们接二连三地死去，一层又一层地堆积起薄薄的"虚假罪过感"，最终形成了一个无比柔软的枕头，我每天晚上在这枕头上睡得比以往更加安稳，更为平静。

诗人费德里科·加西亚·洛克在格林纳达暴死了，被枪杀！

"啊嘞！"

这一声纯粹的西班牙式惊叫是我在巴黎得知洛克的死信儿时发出的。他是我不安的少年时代的好朋友。

每当斗牛士成功地刺伤公牛时，斗牛赛的爱好者们就会出生理的本能从喉咙里发出这一无意识的叫声，以资鼓励。我之所以在得知洛克之死时发出这一惊叫，是想表达这样的意思：他的生活是按照西班牙的方式悲壮地结束的。

洛克一天至少要谈及自己的死亡五次，晚上我们如果不催他睡觉，他永远也不会躺下。即使躺在床上，他仍滔滔不绝地发表本世纪所能达到的最崇高的充满精神性和诗意的谈话，几乎每一次最后他都要谈到死亡，特别是他自己的死亡。

洛克描绘和歌颂他所谈到的一切，特别是涉及他死亡的一切，他设计了当时的装饰布置，描绘了死时的姿态和动作，他说："你看，我当时就是这个样子！"接着，表演了几个舞蹈动作，表示将他的棺材从格林纳达的陡坡上推下去时，他的尸体在棺材中的滚动状况。

后来，他又表演了他死了几天之后的情况。尽管他天生长得不漂亮，但此时他的面容却焕发出一圈崇高的光环，甚至显得非常好看。此时，他显然毫不怀疑自己已取得成功，对自己的成功十分在意。因为对观众造成的绝对诗意的控制而高兴万分。

他写道：

> 爪达基维尔河的卷发中
> 开放着火红的石榴花
> 还有一条流着血，一条流着泪——
> 这就是你的河流呀，格林纳达

　　难怪在献给萨尔瓦多·达利的诗篇中，洛克更毫不含糊地谈到自己的死亡，并且寄希望于我：一旦我的生活和创作达到极盛时期，我也应尽快走向死亡。

　　写一部哲学巨著，我前一年已经开始写了，书名就叫"巴别塔"。我已经写了不下五百页了，而这还没有超出序言！在这个阶段，我的性渴望几乎完全消失了，我著作的哲学理论占据了我心理活动的全部空间。我的《巴别塔》基本原理就是以对死亡现象的陈述开始的，在我看来，它是建立在完全想象构造基础上的。我的理论是似人论的。我总是认为，与其说我还活着，不如说我正处于"无定形非智能"起源的复苏过程中。另外我还认为，早衰是实现长生不老必须付出的代价。对于所有人来说，塔基上的东西是"可理解的生命"，而对于我来说，它只是死亡和混沌。与此相反，对于其他所有人来说，塔端上的东西是混沌一片，而对于我这个反浮士德者来说，它则是个至高无上的魔术师，只是"徽标"和复苏。我的生活就是对我日益增长并强烈焕发的个性的一种持久而狂怒的肯定，每一个小时都是"我"战胜死亡的一个新胜利。然而，在我的周围却只能看到与死亡的不断妥协。我不！对于死亡我绝不会让步。
　　——《达利谈话录》《达利的秘密生活 一个天才的日记》《达利自传》

6. 凤凰涅槃般复活

　　相信参加革命作家和艺术家协会世界代表大会真正有用的唯一会员是赖涅·克列维尔。他有一个令人惊诧的非常著名的特点：他是最后一个不随便取"保罗""安德烈"之类的通俗名字，也不像我这样以"萨尔瓦多"（救世主）为名字的人。如同"高迪"一样，"达利"的加泰罗尼亚语含义是"享乐"和"欲望"。

　　我不知道还有任何人像赖涅·克列维尔亦即"死而复生者"一样如此频繁地卷曲、濒于死亡而后又重新复活，他不时消失在疯人院里，就这样时来时往地过完一辈子。当他憔悴不堪、几乎快死的时候，他就走了；而等他"复活"重现时，又精神抖擞，朝气蓬勃，容光焕发，向儿童一样欢天喜地。不过后一种情况持续的时间并不长，他很快又会被自我毁灭的激情所控制，变得惶惶不安，开始服鸦片，为那些难以解决的意识形态、道德、审美乃至伤感主义等问题绞尽脑汁，过度滥用失眠药，痛苦得筋疲力尽。这时，他像被魔鬼缠身一样开始走到哪里都照镜子。当时萧条的巴黎正如普鲁斯特所描绘的那样到处都挂着镜子，像是专门为这些狂躁患者准备的。他每次照镜子时都说："我终于走到了，我累得腰弯背驼。"直到最终走到目的地时，他疲乏得站都站不住，可是还不愿对朋友们说实话："没关系，与其挨过一星期，不如一下子断了气舒服。"人们把他送进疗养院，让他在那儿接受戒毒治疗。于是经过一个多月的精心护理后，一个复活了的赖涅重又出现在我们面前。我们在巴黎街头见到他时，见他精力旺盛得像个孩子，他的穿戴活像个头等的男舞伴，华丽无比，卷发油光水滑，促使他去完成各种革命善行的积极性充实得就像要胀破了一样。可是不久之后，他又渐渐无法阻止地服起鸦片来，折磨自己，蜷缩成团，完全变成了一片毫无生命力的卷曲的蕨叶！

　　每当经过"卷曲"的折磨之后，赖涅就到我们的里加特港来度过最艰难的欢快的恢复时期。这个值得荷马歌颂的地方只属于加拉和我。正如他自己在信中所承认的那样，这几个月是他一生中最美好的时光。他在我们这儿的生活必然大大延长了他的寿命。我的禁欲主义给他留下了强烈的印象。居住在里加特港的所有时间他都模仿我过绝对与世隔绝的生活：每天从早到晚都在橄榄树林中，赤身裸体，面对天空——这整个地中海地区最严肃的天空，是整个狂热的西班牙的最富于地中海特征的狂热的天空。他爱我胜过爱其他任何人，不过他毕竟更爱加拉，他像我一样称她为橄榄，并且一再重复，如果找不到他的加拉、他的橄榄，他的生命一定会悲惨地结束。赖涅正是在里加特港写了《站在桌子上》《古琴与狄德罗》及《达利与蒙昧主义》等诗篇。就在不久之前，加拉在想起他并将他同当今的一些年轻人作比较时，若有所思地慨叹道："的确，这样的小伙子再也做不出来了！"

工作时，我一直在思考凤凰涅槃问题。当我从广播中听到列平比赛中所做的发明时，我已是第三次感受到复活的滋味。应当找到一种改变头发颜色的方法，使我不像一般人那样去冒险使用染发剂，最好能用一点点与头发信号电荷相反的粉末就能改变头发的颜色。这样，当我的涅槃幻想实现时，我就能立即使我的头发保持无与伦比的黝黑色泽。我因为这种信心而感到孩子般的欢欣，我春天特有的欢欣，在这个季节里，我感到自己在各个方面都变得大为年轻了。

通往完美的新生之路。一切都应当变得更好！这个夏天我将同佩洛斯见两次面。我的基督是最美的。我觉得自己并不那么疲倦。我的小胡子翘向天空。我同加拉相亲相爱，越来越强烈。一切都应当变得更好。每一刻钟我的洞察力都变得更强，我紧紧咬住的牙关所隐藏的完美将变得更多！我将成为达利，我一定要成为达利！现在应当使我的梦幻实现，变成更美丽、更温柔的形象，使它们能在一天之内吸收我的全部思想。

我和加拉万岁！

命运不是注定要我完成奇迹吗？到底是不是呢？

是，是，是，是。最后还要再说一个"是"！

我不可能默默无闻地生活。这太难了，达利永远不愿默默无闻。我一生中给我印象最深的一件小事是我父亲常常患有的一种牙疼病。这种痛苦非常强烈，以致我父亲头发发白时还是极为痛苦。一天，他对着桌子挥动拳头大声喊道："只要我不死，我就能永远忍受我的牙疼"！你可以想象出这给我的印象：有人满足于终身生活在牙疼的苦楚中。

——《达利的秘密生活 一个天才的日记》《达利谈话录》

九、艺术形式的新探索

1. 电影

有一天,路易斯·布努埃尔向我谈到他拍一部电影的设想,他母亲会为此给他提供钱。我觉得他的想法非常平庸。他是那类令人难以相信的天真人群中的佼佼者,而电影场景也就是一份以消息、滑稽简讯等凑热闹的视觉报纸版,而报纸最终也只是个被扔到人行道上,被某个服务员的扫帚扫到街头上的问题。这种如此平庸廉价的感伤主义结局令我厌恶。我告诉他说,我对拍这部电影没有一点儿兴趣,不过相反的是,我刚刚写了个脚本,很短却很出色,与当前的电影截然不同。

确实如此,脚本已经写好。我收到布努埃尔的电报,说他马上到菲格拉斯来。他看了我的脚本马上兴奋起来,我们决定合作拍片子。我们一起提出了几个具体设想,也提出了片名,它就叫《安达卢西亚的狗》。布努埃尔走时带走了所有的材料,另外他还答应他负责导演、分配角色、宣传等。然而过了一段时间,我也去了巴黎,与电影的制作保持着密切接触。我通过每天下午的长途电话参加导演工作。不用我说,布努埃尔就自觉接受了我哪怕最微小的指点。他凭经验知道,我在这种事情上绝不会错。

《安达卢西亚的狗》是涉及少年与死亡的影片,我要以全部现实和伊比利亚匕首的全部重量把它钉在智慧、高雅和理智化巴黎的心脏里面。匕首的柄是由我们史前血染石化的土做成,而刀刃在用天主教神圣宗教裁判所的审判火焰中锻造而成的,那火焰与(上帝最后审判时)令全体死者复活膨胀而炽烈的钢铁赞歌交织在一起。

电影产生了我预期的效果,就像我预期的那样,犹如一把匕首扎进了巴黎的心脏。只一个下午,我们的电影就摧毁了第一次世界大战之后十年伪理智的先锋主义。

看到电影"剃须刀片划破眼睛瞳孔"这样开始后,那个被形象地称为抽象派艺术的令人恶心的东西倒在了我们脚下。它受到致命创伤,再也站不起来了。在欧洲已经没有蒙德里安老爷那弱智菱形的位置了。

电影舞台美工一般都是自负的人,自以为什么都见过,向他们要任何东西他们都不觉得奇怪。即使是这样,即使我们的电影是短片,所需道具也不多,负责提供道具的人向我们直率地说,他认为这是做梦。这是我们向他要的一些东西:一位裸体女模特,还得设法让她每个胳膊下面都夹着一个活海胆;巴切夫的一副化妆没有嘴,另一副化妆要以毛发代替嘴,毛发的分布要让人尽可能地想起腋下的毛发;四头腐驴,而每头驴都要陈列在一个三角钢琴上;一只被割下来的手,要尽可能地显得自然;一只牛眼和三个蚁冢。

说实在的,拍摄腐驴和钢琴的场景让人悦目。我把大罐稠胶泼到驴身上,"安排"好驴的腐烂情景。同样,我还掏空了它们的眼眶,再用剪刀把眼眶扩大。我还以同样的方式狂躁地掰开了它们的嘴巴,这样可以更好地看到它们一排排白牙齿,此外,还往每张驴嘴里加上几个颌骨,这样看起来好像尽管驴已经腐烂了,也还是正从它们的死亡之躯里向由黑色钢琴的琴键构成的另外几排牙齿上呕吐着什么。整个效果太阴森了,就像在一个房间里放了五十口棺材一般。

《安达卢西亚的狗》把我从社交生涯里拉了出来,若安·米罗本来是想把我引向那里的。

"我宁愿从腐驴开始，" 我对他说, "这是最紧迫的, 至于其他事情, 自会接踵而来。"

我若是拍摄这部片子, 那么我早就相信, 它从头到尾都是一环紧扣一环的奇迹和发现——若没有引起轰动的场面, 那干吗去把观众请来让他们受罪呢? 而观众越多, 影片给作者本人带来的钱也就越多, 而这个作者就是被恰到好处地称之为"美元迷"的那个人。不过, 若要使观众觉得影片奇妙无比, 就一定得使它从头到尾都展现令人信服的奇迹, 要达到这一目的, 唯一途径是必须一了百了地抛弃当代电影根深蒂固的令人讨厌的急促速度, 抛弃一味追求逗趣而不断移动镜头并将乱七八糟的东西通通塞进镜头的极其无聊、下流的手法。难道你能有一秒钟相信这样的传奇片吗? 它的镜头到处都紧跟着凶手, 一刻也不放过对他的监视, 甚至包括他在厕所里洗去手上血迹的时候。正因为如此, 萨尔瓦多·达利在拍摄自己的电影之前, 最最关心的是, 如何保持自己的镜头真真正正不移动: 他将用钉子把摄影机钉在地上, 如同当年把耶稣钉在十字架上一样。如果镜头在情节之外展开, 那最好不过! 那就让观众激动一阵, 不安一阵, 难受一阵并急得发抖吧, 让他们高兴得跺脚吧; 不过他们若是急切难熬地等待影片情节重新出现在画面上, 那就更好! 万不得已时, 可以用别的办法来消除观众因等待太久而产生的不快, 比如与影片基本情节毫不相干的迷人形象, 让它们在绝对静止、被捆住手脚的达利摄影机面前趾高气扬地列队前进, 这样, 这摄影机就完成了自己的使命, 成了我创造奇迹的幻想的女权。

我的下一部影片将与这一部先锋的实验影片截然不同, 特别是同现在称之为"创造性"影片的那些东西。这类影片除了奴颜婢膝地取悦于现代艺术的平庸无奇之外, 一文不值。

我想讲的是一个女人的故事。她患了偏执狂, 爱上了一辆手推车,这手推车曾装过她爱人的尸体,并因为她的爱而逐渐获得了他的一切特点。最后,这手推车长出了血肉,变成有生命的东西。因此,我将这部影片命名为《有血有肉的手推车》。任何一个观众,从趣味高雅者到普通人都不会对我所展示的狂热的恋物癖魅力无动于衷:因为我讲述的是一个极其真实的故事,并且把它再现得活灵活现,任何一个拍纪录片的人也达不到这样的水平。

尽管我断然坚持影片应当绝对真实,但是其中不能没有真正创造奇迹的场面。我忍不住要把我的某些构思告诉读者,即使仅仅是为了让他们提前流口水。比如,观众面前将出现五只雪白的天鹅,它们一只接一只地跃入他们的眼帘,展现一系列经过认真处理的形象,这些形象缓慢移动,翻转变化,具有天使般的和谐。天鹅的肚子里事先都装有特制的炸弹,在它们飞到一定高度时爆炸,使观众能清清楚楚地看到它们的内脏被炸得乱飞,而炸弹的碎片则形成一个扇形。这些碎片钻进羽毛的云雾之中,准确地再现了我们与其说是看见毋宁说是幻想的图景。那时,我们会觉得自己好像触摸到了光的微粒一样。就我自身的体验而言,这些碎片就像蒙德里安的油画所画的那样准确,而羽毛的轻柔则可与画家埃仁·卡里埃尔被雾气罩着的著名形象媲美。

在我的影片中还可以看到罗马特维尔喷泉的景象。面对广场的一幢大楼的窗户突然打开,六头犀牛从中冲出来,直向喷泉跳过去。每当一头犀牛落进水中时,马上就会从喷泉底下冒出一把打开的伞来。

在另一个情节中你们可以看到巴黎协和广场的黎明。两千名天主教徒骑着自行车从各个方向穿过广场,每个人的手里都拿着一张虽然破旧但仍看得出来的格奥尔吉·马林科夫面相。然后我还要展示一群西班牙吉普赛人,他们在马德里大街上杀死并肢解一头大象。最后,这头大象只剩下一具被割得干干净净的骨架,一点儿肉也不剩。除此之外,我还将同样在银幕上重现我在一本书上读到的非洲生活场景。当一头非洲大象的肉下现出肋骨时,两个吉普赛人极其疯狂地不停地唱着谁也听不懂的歌,钻进大象的肚子里去,一个劲儿地把其中诱人的心、肝等内脏抓出来。随后这两个人争吵起来,拔刀相杀,而在外面的吉普赛人则继续肢解大象,并把在大象肚子里面互相残杀者杀伤。他们野蛮而又令人心惊肉跳的欢乐犹如大象那变成一个流着血的巨大细胞的肚子。

当然,人们也不可能会忘记一个歌唱场面:尼采、弗洛伊德、巴伐利亚路德维希二世和卡尔·马克思相继回答问题时,以难以描述的高超技巧,按照比才的曲子,唱出自己的学说。这整个场面都在维拉贝特朗湖边展现。而在湖中心,则有一个老妇人站在齐腰深的水里冷得发抖。她的装束如同真正的斗牛士,可她剃得光光的头上没有帽子,而是装饰着一个难以戴稳的用香草做的蛋饼。每当蛋饼掉下来落进水中,葡萄牙人都要给她换上一个新的。

在影片的末尾观众将看到一个用作烛台的玻璃灯泡,它将时大时小,时明时暗,时清晰时模糊,不断变幻。我的影片中将只用一分钟来展示:当一个人的眼睛被光照得难忍时,他闭上眼睛,用手掌把眼睛压得发痛。

所有这一切都由我一个人来完成,弄虚作假显然都在排除之列。因为只有我和加拉掌握摄制我构想的这部影片的秘密:用不着剪辑任何场面。单是这一秘密就可以使得将上映这部影片的影院门口排起无尽无头的长队。无论傻里傻气的人们会在那儿议论什么,我的《有血有肉的手推车》不仅是天才的影片,而且是当代最叫座的影片。因此全世界都将异口同声地欢呼,被它的辉煌成就征服:这才是真正的奇迹!

——《达利自传》《达利的秘密生活 一个天才的日记》

2. 戏剧

我做了一个带有极其强烈的舞台效果的戏剧化的创作梦。我的戏剧梦是随着幕布的拉动开始的。这幕布涂了一层金,灿烂夺目。它正中间那一块非常奇特,所有的观众一眼就注意到,并且看过之后永远也忘不了。幕布一拉开,演出就开始了,并立即进入盛大而热烈的神话高潮。转瞬之间,弧光灯使一切都陷入黑暗之中。观众急切地等待出乎意料的充满幻想的剧情发展。此时,可向你们展示戏剧特技:灯光重又亮起,像先前一样照亮幕布。除了达利和加拉之外,所有的观众都长上了角,因为她平时也做了同样的梦。或许可以认为,我们参加了我们生命之初的歌剧;但是并没有这样的事情。幕布也没有拉开。但是这幕布,如果明智地加以运用,它就像黄金一样贵重!

——《达利的秘密生活 一个天才的日记》

3. 音乐

我不喜欢音乐。我认为音乐代表世界上最不聪明的人。我从未见过聪明的音乐家。有些演奏能手是聪明的,但他们仅仅是表演者。音乐家的真正字义是白痴,事实上他们是超黏性的白痴。显然,如果你要用声响表达宇宙,它就是每件事物的终点。

我只喜欢《启示录四骑手》中的一段。鲁道夫·瓦伦丁表演阿根廷探戈舞时,用一种极大的诱惑力张开他的鼻孔。我喜欢再次发现那种诱惑力。我从未见过能与他的鼻孔相匹配的鼻孔。

——《达利谈话录》

4. 版画

约瑟夫·福勒来到里加特港,背着刻印用的沉重石板,他无论如何都希望我在这些石板上刻制《堂吉诃德》的插图。应当承认,当时由于美学、道德和哲学等方面的原因,我完全反对版画艺术。我认为,这一技术中既没有严酷,也没有君主制和宗教裁判。照我的看法,这不过是自由主义的、官僚主义的萎靡不振和雕虫小技。然而福勒不断将这些石板塞给我的决心,终于战胜了我的反版画权力意志,将我处于超审美的侵犯状态。一个天使般的想法正是使得我的牙关处于这种状态。甘地不是这样说过吗:"天使无须任何计划也能控制局势。"而我也像甘地一样,突然控制了自己同堂吉诃德有关的局势。

如果我试图用火绳枪往纸上打,那定然会将纸打穿;但若向石板,无论开多少枪都不会把它打烂。我依从了福勒的劝说,向巴黎打电话,叫我到那里去准备好火绳枪。结果还是我的画家朋友马替厄送了我一把当时非常珍贵的火绳枪。它是15世纪制作的,枪托上还镶着象牙。

于是1956年11月6日,我在一百头羔羊的簇拥下(这些羔羊是象征性地代表在羊皮纸上安睡的那颗唯一头颅的替罪牺牲品)登上塞纳河一艘驳船的炮车上,发射出世界上第一颗装满石印颜料的子弹。一声巨响,这颗子弹开辟了"意志主义"的新纪元。石板上出现了神奇的斑点:它们像天然的翅膀一样,其细部柔和与线条变化之严格都远远超过迄今所知的一切技法。在此后一个星期中,我忘我地投身于自己全新的奇妙实验。在巴黎郊区的蒙马特勒,面对激动得发狂的人群,在八十名近乎陶醉的少女的簇拥下,我将浸透颜料的面包瓤塞满了先凿空的犀牛角,然后唤起对威廉·退尔的回忆,用这犀牛角猛击石板。结果,出现了应当跪倒在地赞美上帝的奇迹:犀牛角上出现了两只炸成的小翅膀图形。可是这还不是全部,还出现了双倍的奇迹:

当我得到第一次清样时，发现由于印刷不佳，出现了某些溢出的斑点。我认为自己有责任固定这些斑点，甚至予以强调，以此方式偏执地阐释这一弥撒剧场面的全部电流秘密。堂吉诃德直接面对他自己身上的偏执狂巨人。在关于皮酒囊的场景中，达利发现了主人翁的幻想血液和布满弥涅瓦尔前倾额头上的那种对数曲线。除此之外，作为西班牙人和超现实主义者，堂吉诃德并不需要什么阿拉丁神灯，他只消点燃手中寻寻常常的橡实，黄金时代就会重现。

当我回到纽约时，电视评论只干一件事，就是无尽无了地议论我在"意志主义"方面的实验。而我却抱头大睡，希望在梦中找到准确地射击装满颜料的子弹并按数学分布在石板上产生凹陷的最可靠的方法。我呼吁纽约军事科学院的兵器专家来帮助自己，希望每天早上都能被火绳枪声惊醒。每一次小小的爆炸都能为彻底完成的版画提供新的生命，我只消在下面签名就行了。而那些心急火燎地急于得到版画的崇拜者简直是毫不客气地把它们从我的手中夺走，支付多得令人难以置信的钱。我又一次（不知是第几次了）意识到自己预见了最近将完成的科学发现。因为在我用火绳枪射击后三个月我弄明白了一个问题：科学家们也像我一样运用枪弹，努力深入宇宙的秘密。

今年5月，我重新出现在里加特港。约瑟夫·福勒已经在那儿等候我，他带来的石板之多连他的汽车货箱都装不下了。于是火绳枪的射击声重又标志着堂吉诃德的复活。他悲伤已极，变成个头上流血的少年，这些鲜血表明了他揪心的悲苦。在从西班牙—毛里塔尼亚玻璃中透出的与弗美尔相称的世界上，他朗诵着自己的骑士浪漫诗。靠像美国儿童玩的那种幼稚可笑的过时了的球的帮助，我发明了一种让版画颜料在其中流动的螺旋线。于是产生了长着金光闪闪的羽毛的天使形象：白天诞生了。堂吉诃德这个偏执狂小宇宙，时而消融，时而出现在银河的背景上；而这银河不是别的什么东西，而是圣杰克所走的路。

　　圣杰克保佑着我的创造。他发现自己在其节日8月25日显了灵。这一天,当我着手自己的实验时,在世上留下了印迹,从此之后印迹注定要在形态科学史占据光辉地位.它将永远铭刻在一块石板上,而这些石板乃是约瑟夫·福勒以其圣洁的顽强态度不断为我的幻想之迷人闪光提供的。我拿起一个空的蜗牛壳,往里面塞满石印颜料。在这之后我把它安放在火绳枪的枪杆上,在非常近的距离直接瞄准石板,我一开枪,其中的液态颜料就完全重复蜗牛螺旋线的曲线在石板上留下印迹,我越是研究它,越是觉得它无比奇妙。老实说,我真产生了这样的印象,似乎这不是别的什么东西,而是处于创造高峰的"煎蜗牛银河系"。这样,圣杰克节日在历史的眼中就将是达利对神人同形说取得决定性胜利的可信见证。

　　这个吉祥日子之后的第二天,天气陡然变坏,天上像下冰雹一样纷纷落下若干小蛤蟆来。我让它们蘸上一点颜色,它们就变成了堂吉诃德式外衣的画图。这些蛤蟆使人产生一种两栖潮湿的感受,与主人翁头上的高山旱地的狂热发作形成鲜明的对比。真可谓怪物中的怪物,再也没有比这更奇特的怪物了。此时的桑乔也出现了,正是塞万提斯所想象的那个样子——"一个不现实的庸人"。可是此时,堂吉诃德却用指头去碰荣格医生的龙。

　　而今天,当约瑟夫·福勒把这本极其罕见的书摆在我的桌上之后,我只是惊叹了一声:"啊,达利!你干得漂亮!你为塞万提斯画了插图。你所创造的每一个印迹都孕育着风车和巨人。你创造的就是那个嗜书如命的巨人,这即是版画技艺一切最富有成果的矛盾的顶峰。"

　　　　　　　　　　——《达利的秘密生活　一个天才的日记》

十、超现实主义绘画艺术

1. 超现实主义绘画理论

　　萨尔瓦多·达利针对皮特·蒙德里安发表如下见解："他的建筑学完美无疵、精细准确。他与维米尔一样精细,但他缺少绘画感。"当达利被问到超现实主义者时,他又一次大声说道:"于·唐居伊是那个时代最伟大的先驱。他以某种简单的方法弯一下腰,就能把两码以外的一根蜡烛吹熄。他甚至利用放屁同人打赌。他对着墙放屁,屁沿着它的轨线能够吹熄坐垫附近的蜡烛。"

　　德斯诺和佩雷满足于语言上的自我陶醉,而我的写作是拉伯雷式的:一个新鲜的烹调想法加一个无意识语言促成的主题。它不只是个游戏,也是种胡话:当我说"火""疯子""疯狂"时,这与笛卡尔主义和简单游戏正好相反,这些词显现的是望远镜和影像的概念。如果我说"部首",接着又说"科尔多瓦皮革",那我正在架起这两者之间的梦之桥。因此,我就唤起一个完整的梦幻和生活的概念。这些东西以及概念的连续迸发最终使人们相信我正在撰写一篇抗辩的文章,这篇文章甚至有点笛卡尔主义的味道。

　　我本人希望能证实我所能证实的所有事情(用这种方法),我甚至想出把这种方法落实到我为一个芭蕾舞编导写的芭蕾舞规则中。在这场将在威尼斯上演的芭蕾舞中,我加进了一些斯卡拉第的音乐。我要使斯卡拉第的音乐适应我的语言,把一头剥了皮的真公牛带上舞台。他们认为我这种想法太荒谬，没有征求我的意见就把那头公牛换成一个硬纸板做的牛。我中断了演出，宣布出于对观众的尊敬，我不愿意把我的名字同那难以置信的篡改混淆在一起。他们不允许我把我的名字从节目中删去，我失去了这次公审。我是个重要人物，所以我必须向最高法院上诉。像我们这些人在一起，一切事情都向最高程度发展，上诉也要到最高法院。

特里斯坦·扎拉就满足于把自发的意象与批判妄想狂结合起来。达利主义者反对语言，但基于妄想狂的想法，我喜欢一种异常的语言。

现在当我想说卡斯蒂亚语或是加泰隆尼亚语时，我不得不把我的想法译成法语。我对法语中的细微差别和词源已经习惯。有时我想用西班牙语表达某种细节时，我找不到确切的词。

显而易见，我已经形成了一种说英语的特殊方法，我甚至录下了达利式的怪诞的英语语调。我像讲西班牙语一样发卷舌音"r"，发音时我带有浓重的法语腔。我说法语式的英语时还加进加泰隆尼亚语。美国人和英国人常常听不懂我的话，但他们设法听懂了一些大意，其结果是我赢得震耳欲聋的掌声。这种现象超乎异常，其实他们是在为他们自己听懂了我的话而鼓掌。我把"蝴蝶"说成是"蝴蝴蝶蝶"。

哪怕是有一点点色情主义和一点点乐趣，民主国家都不允许。尽管西班牙政府越来越开明，他们还是封闭了妓院，这样使西班牙能成为联合国教科文组织的成员国。天主教会支持这种社会制度，这种社会制度成了一个家庭的主要支柱，也是首次在圣路易斯统治下成为法律条文。圣路易斯是个伟大的人物，因为他们在天主教堂周围建造妓院，然后他把钥匙交给教会。在我们这个民主时代，谦虚是不可能的，是骂人的话，他们使君主立宪在欧洲复辟的那天，将会出现各种各样名副其实的壮观场面。

那时将毫无约束，我们喜欢看什么书就看什么书，还可以光顾我们所喜欢的妓院。妓院有益于健康，为不满足的男人而存在，使他们沉溺于他们奇特的口味；半小时后，他们带着一点儿负罪感回到家中，这使他们更容易与人相处。既然这种惯例不再流行，许许多多的性犯罪就这样产生了。它肯定不能上演的，但我最终会把它秘密地上演，比如说，让吉琼·莫瑞和其他三四个天才演员来演。这是其中的一段：

> 在我深深绝望的心底，
> 火焰不再燃烧，
> 它把我贫瘠的心拥抱，
> 但它不可能烧光。
> 我那燃烧炽热的神圣，
> 我的全身在液化，
> 我的夜总是白色，
> 那蒙眬的白离我千里，
> 它与我的眼泪融合。
> 嗅觉和味觉不会撒谎，
> 慷慨的黏性唾液，
> 蜡烛般悬于我的鼻梢。
> 我不断地摧毁一切，
> 躯体干枯　屁股朝上，
> 哦，它那白色是朦胧的，
> 我将它饮奶般吞下，
> 让它渗透我的静脉，
> 让它进入我的脉管，
> 让每个毛孔都吸收，
> 直到我那黑色的头发变得灰白。

经过某段时期之后，我把这段时期完全用于沉浸在由孩提时代模糊记忆引起的此类幻想里，决定作一幅画，在这幅画里，我仅限于重现所有这些形象。这部最为异乎寻常和令人茫然的作品，就其本身制造生理学来讲，已经非常远离"达达主义拼贴艺术"，这种艺术一直是凭经验的诗兴产物。这部作品也与奇里科的玄学画作相反。因为在这幅作品里，观众必须相信主题的尘世现实，这是其基本和极度生物性的特性。作品还与某些抽象画作的诗意软化相反，那些画作犹如失明的飞蛾，继续愚蠢地与新柏拉图主义光线的暗淡灯光冲突。

而我，只有我才是真正的超现实主义画家，至少按照它的鼻祖安德烈·布勒东赋予超现实主义的定义是如此。尽管如此，布勒东看到这幅画时，还是在粪便元素前犹豫了很长时间。因为在图案上出现一个肖像，从后面看，他的短裤上沾着粪便。这种元素的无意识外象在心理病理学的寓意画像解释上非常典型，应当足以对他有所启示了。不过我不得不为自己辩解说，那只是一个纯粹的幻想而已。他没有再问我什么。不过如果把我逼急了，我肯定会回答说，那就是粪便本身的幻象。从我的观点来看，这种狭隘唯心主义是超现实主义初期的基本"智力毛病"。它在并不需要等级的时候建立了等级。在粪便与岩石晶体碎块之间，由于两者同出于无意识共同基础的事实，不能也不应该在等级上有所不同。这才叫拒绝传统等级的男人！

我要按照它们对我影响的顺序和强度，只把由情感临近性和黏合度所支配的自发情感作为其布局的标准和规则，尽可能严谨地做到这点。显而易见，这里不能掺杂我的个人口味。我只按照我的喜好，按照我最无法遏制的生物欲望行事。这幅作品是真正可以赋予其超现实主义意义的重要作品之一。

黎明时我醒来，既没有洗漱，也没有穿衣服，就坐到了床边的画架前。这样我醒来后看到的第一个形象就是我绘画的开端，正如我头一天晚上就寝前最后一眼看它。我曾力图睡觉的时候用我的目光坚持看着它,尽力把它与我的梦境联结在一起,仿佛能够做到让我与它不分离。我半夜有时醒来,就打开灯,再看一会儿我的画。有时候在睡眠的间歇中,我也会在新月孤独快活的月光下观察它。这样我就整天坐在画架前,眼睛盯着它,就像一个巫师(太像巫师了),力图"看"到从我的想象中出现的形象。我时常看到这些形象就千真万确地处在我的画面上。随后,我就在这些形象排列的点上画呀画,感到自己嘴里有股热烈的味道,大概就是气喘吁吁的猎狗把牙齿刺入它一记命中杀死的猎物时,自己嘴里体会到的那种感觉。

有时我等待整整几个小时也没有任何此类形象出现。于是我就停下来不再画了,而是抬着一只脚,脚上高悬一支静止的画笔,随时准备一旦我头脑中的一个点射打下我想象中的又一血腥牺牲品,便迅速将画笔投入画布上的梦境景色中去。

——《达利谈话录》《达利自传》

2. 好画出于新意创造

我打算在加里耶尔博物馆展出我为《神曲》画的一百幅插图,供无数叨念我的名字、称我为大师的民众参观。当您感到爱戴你的奇异洪流擦着你的皮肤,逐渐蔓延开,不断给对抽象艺术羡慕得要死的人戴上绿帽子,这是一种多么美妙、多么惬意的感受啊!有人问我,为什么把地狱的调子故意画得如此明朗;我回答说,浪漫主义所干的件下流勾当就是让全世界相信,地狱就是一团漆黑,像古斯塔夫·多勒的煤矿矿井一样什么都看不见。但丁的地狱则被地中海的阳光和蜜糖照亮。正因为如此,我的插图的恐怖就显得既是可以解析的,又是超凝固的。因为它们具有天使般的黏滞系数。

首先,在明亮的光线下可以观察到两个相互吞噬者的消化器官的超级美。这是一个疯狂的日子,充满阿摩尼亚气息一样的神秘欢乐。

我希望我给但丁所作的插图像是神圣的奶酪上的一些暗淡的湿斑。因此,这些湿斑色彩缤纷,有如蝴蝶的翅膀。

神秘轮是奶酪;基督也是奶酪做的,不仅如此,还有奶酪堆成的高山!圣奥古斯丁岂不是说,《圣经》里对基督说的"Montus Coagulatus, montus fermentatus"这句话应当理解成真正的奶酪山吗?这句话不是达利说的,而是圣奥古斯丁说的达利只不过是重复前人的言论而已。

早在不朽的古希腊肇始之时,由于空间、时间、心中的神祇以及人类心灵崇高的悲剧性冲动而造成的苦恼创造了完整而神奇的神人同形论。达利在继承希腊人的这一传统时,只有当他能将空间、时间以及人心量子论的冲动做成奶酪时,他才会对自己感到满意!而且必须是神秘的奶酪、神圣的奶酪!

——《达利的秘密生活 一个天才的日记》

3. 绘画技法的创新

我在关于技艺的那本书的开头说:"凡·高割掉了自己的耳朵。读完本书之后,你首先得效法他的榜样。"你读完这部日记之后也是如此。

世界上的一切都可以做得更好,也可以做得更坏,甚至包括我的绘画。

你们知道,可以用笔描绘你们的大脑所想象得出的最惊人的幻想,可是为此应当掌握列昂纳多或弗美尔的技艺。

如果你拒绝研究解剖学、素描和透视艺术、美学的数学法则以及色彩学,那么,请允许我对你说,这与其说是天才,毋宁说是懒惰的象征。

首先得学会像古代大师一样素描和作画,然后才能按自己的主意行事,这样你们就会永远受人尊重。

想使非洲艺术、拉普兰艺术、布勒东或拉丁艺术、马约尔或克里特艺术现代化的企图都无非是当代的一种呆小病形式而已！除了中国艺术就没有艺术,可是天晓得我是否喜欢中国艺术！

在审视我的油画时,发现左臀有毛病。这毛病乃是我对于色彩相互融合能力的无限信任所造成的。为了更为精确,我只消先把该弄掉的弄掉,然后挥动画笔,直到色彩互相融合,其界限完全消失为止。

极其重要的是:色彩可能浸开,直到完全消失。应当从中间开始,逐渐减弱四周的色彩。如果色彩未经加工,不能融合,它们就会互相乱窜,污染画面。

这场病真是上帝的恩赐!我只不过是还没有准备好。我还不能去画我《超立体死尸》的腹部和胸部。练习画右臀,最好等肚子全好,舌头像初生时那么干净。明天若不彻底康复,将继续画一会儿菲狄亚斯人体的睾丸。然后还得完美地掌握从中心逐渐向四方安排色彩的艺术。

我正在完善自己的技艺。我不断发现新技术的可能性。

饭后本来不愿接见一个不认识的先生。可是当我后来出门去欣赏里加特港的暮色时,发现他就在附近:他仍在等待,希望见到我。我们交谈几句之后,我弄清了他的职业:他是捕鲸的。我当即要求他给我多寄一些这种哺乳动物的脊椎来,他非常乐意地答应了。

我从一切事物获取益处的能力真是没有止境。还不到一个小时,我就想出了整整六十二种各不相同的利用鲸鱼颈椎的方法,其中包括用于芭蕾、电影、绘画、哲学、内科装饰、巫术,以及使患有所谓贪大症的侏儒产生视幻觉的心理手段、形态法则、超越人类度量范围的比例、新的撒尿法以及新的画笔种类,而这一切都将做成鲸鱼脊椎的样子。我还试图恢复对一条腐烂的鲸鱼的嗅觉记忆,我小时候曾到普艾尔托·德兰萨镇去看它。当我在记忆中恢复这种记忆时,我即进入昏昏欲睡的状态。于是我闭着的眼睛深处便产生了幻象。这幻象逐渐显现出牺牲自己儿子的亚伯拉罕的特征。这一灰鲸鱼的幻象似乎是从鲸鱼形动物的身上割下来的。

《超立体死尸》胸部将画得比我预料得还要好。现在，我准备试验一种新的技法，它的要点在于，从我所做的一切东西中获得欢乐，并且不断使加拉欢乐。这样，我们的一切将无比美妙，而我们的劳动也会变得比过去轻松。

曾有一个时候我觉得，可以用半透明的、非常稀薄的颜料来画，可是我错了：龙涎香会吃掉稀薄的颜料，使得一切都会发黄。

努力好好儿记住……别忘了将龙涎香水洒在画布上，不过最好是涂搽，而龙涎香应放在松节油里多泡一些时候。今天你犯了一个错误：龙涎香放得太多了。这种香油应当用笔尖很细很细的长长的画笔来蘸。现在将这个东西盖在画面上，你就不会有任何污点了。因为一切污点都是色彩堆积太多、边缘很难弄净所致。龙涎香油则可以随意加上去。要想画出明亮的细部时则用非常清的香油。

弄清了9月份造成的技术失误的本质。的确，近来我学会将下垂的布料皱褶画得比以往任何时候都好，然而，受某种对绝对完美的难以企及的追求的驱使，我尝试在画那些浸透了龙涎香油的地方时，几乎不用画笔接触它们。我希望登临不可攀登的技法高峰，达到崇高的实质和精髓。结果，却带来了一场灾难。我整整花了一个小时画成的那一块显现出非凡的美丽，随后它开始慢慢风干，可是龙涎香却吞噬了色彩的亮度，像是蒙上了一层油污，变得又昏又暗，成为龙涎香脏脏的黄色。我的《超立体死尸》的变暗是与浓云出现同时发生的，这浓云布满了值得纪念的9月16日的天空。下午，我的整个生命都黯然失色。然而到傍晚时分，我又刨到了根，找到了错误的根源。我品尝着这些错误的滋味，感到是一种莫大的享受。而加拉知道，用一种最简单的办法即可解决这一问题：在重画这一部分之前，得用土豆将它擦掉。我高高兴兴地试图利用我无关紧要的短暂错误，似乎我可以在它的帮助下揭示我绘画技术的一切真理。在某一瞬间，我幸福地沉湎于绝对的有罪激情之中，然后教给我送既带相对论特征而又完全现实的东西来，这东西通常就叫土豆。

我的橄榄树林中还分放了五十来张纺织女工画像，以便每时每刻都刺激我去思考这个意义难以估量的题材。同时，我还加深了对向日葵形态学的研究，对于这个问题，列昂纳多·达·芬奇当年曾做出过极其有趣的结论。我在1955年夏天发现，成熟的向日葵上形成的螺旋线交叉纹路非常像犀牛角的纹路。现在，形态学家们对向日葵上的螺旋线是否真是对数螺旋线提出质疑。当然，它们非常接近对数螺旋线，然而也会出现一些原则上根本无法用科学观点来衡量的交叉。因为形态学家对这是不是螺旋线的问题有分歧意见。同时，我昨天晚上在索邦有根有据地对聚集在那里的听众断言：自然界从来不存在比犀牛角的纹路更完美的对数螺旋线范例。由于深入研究向日葵，因而必不可免地将其曲线或多或少地纳入对数曲线，我能轻而易举地从这些曲线中分辨出织花边女工的轮廓、发式乃至于枕头，有几分像休拉的点彩画。我能在每朵向日葵上发现十几个各种各样的织花边女工，她们或多或少像弗美尔原作上所画的样子。

有一次，我用小折刀以一种特别的方式在纸上刮，立即看到出现了可以在绘画中取得的最耀眼的白色。在画的其他部分，我想让白色暗淡些，就在那里啐口唾沫，再揉搓纸，于是出现了斑驳现象，显得灰蒙蒙脏兮兮的。老乞丐的胡子在我画作的阴影部分以令人目瞪口呆的现实主义浮现出来。我很快就掌握了获取纸质效果的方法，把它做得像真绒毛一样。而我做到这点的方法也就是在纸上刮，刮到几乎可以用指甲拉出纤维，甚至能把它卷起来的地步。更确切地说，这是直接模仿老人的胡子。作品完成后，我把一盏灯放在纸边，用斜光照着我的画。努涅斯先生过来查看时，竟然什么也说不出来，他的困惑超过了他往日的惊异程度。他走到我面前，以他健壮的胳膊用力把我搂在他胸前,搂得我以为我要窒息了。他重复了马蒂·比拉诺瓦(当我发明了我的反潜艇时)说过的类似的话:"你们看看这位达利,他难道不伟大吗?"他十分动情,在我的肩膀上拍了几巴掌。这次用小折刀刮纸的试验让我对光的特性和模仿光的可能性有了很多思索。我在这方面的研究持续了整整一年,最终得出的结论就是,只有显露堆积在画布上的颜色本身的凸显才能产生让人视觉愉悦的光线效果。

后来我在研究所谓"西班牙彩色主义"的发明者、世界上最狡猾人之一福图尼的水彩画的时候,注意到他使用了相近的刮法取得了他最光辉的白色。他像我一样,利用这种白色的凹凸和不规则在平面的细小颗粒上截取光线,以此突出令人称奇的光线效果。

——《达利的秘密生活　一个天才的日记》《达利自传》

达利年表

1904年

　　5月11日,萨尔瓦多·达利出生于西班牙菲格拉斯(加泰隆尼亚,吉罗那省)。

1914年—1818年

　　在菲格拉斯玛丽亚修士学校学习。

1917年—1919年

　　在菲格拉斯素描学校学习素描、雕刻和绘画。

1920年—1921年

　　同时受勃纳尔、意大利未来派和尤金·卡里埃的影响。

1921年

　　进入马德里的圣费尔南多皇家美术学院美术系,在那里与费德里柯·加西亚·洛卡、路易斯·布努艾尔和尤金尼奥·蒙蒂斯结识。

1922年

　　10月,八幅绘画在达尔莫画廊展出。

1923年

　　7月,因为鼓动学生反叛学校权威而被学院开除。

1924年

　　在菲格拉斯和吉罗那遭短暂拘禁。不久重返学院。

1925年

　　11月14日—17日,首次个人展览在巴塞罗那达尔莫画廊举办。

1926年

10月20日，永久地被圣费尔南多皇家美术学院开除。12月31日到次年1月24日，在达尔莫画廊展出第二次个人画展。

1927年

年初，第一次赴巴黎旅行，在那里他拜访了毕加索。4月—6月，旅居巴塞罗那，在那里为洛卡的《玛丽雅那·佩尼达》画了布景和服装。

1928年

夏天，在卡德奎兹创作了一系列沙砾拼贴画。10月18日—12月18日，作品在匹兹堡第27届卡耐基国际博览会上展出。

1928年—1929年

第二次赴巴黎，在那里参加了电影《一条安达鲁狗》的摄制。

1929年

参加超现实主义运动。会见布雷东和阿拉贡。11月20日—12月5日，第一次在乔曼画廊举办个人展览。

1930年

写作并为《眼中的女人》插图。摄制《黄金时代》。

1931年

写了《爱情与回忆》。

1931年—1933年

在巴黎的皮尔瑞·考里画廊办年展。

1932年

包括《记忆的永恒》在内三幅绘画在纽约的朱利安·利维画廊展出。

1934年

正式被超现实主义团体逐出。首次在朱列安·利维画廊举办展览。

1935年

出版《非理性的征服》。

1937年

写了《变形的水仙》。

1938年

7月，在伦敦与弗洛伊德见面。

1939年

在纽约发表了《独立幻想与自我疯狂的人权声明》。

1940年

8月，移居美国。

1941年—1942年

1941年11月19日—1942年1月11日，在现代艺术博物馆举办首次回顾展。

1942年

出版了自传《萨尔瓦多·达利的秘密生活》。

1944年—1948年

创作了《隐藏的面孔》和《魔幻技艺的50个秘密》，并作插图。

1948年

返回西班牙。

1950年

在纽约的卡斯泰厄斯画廊展出《利吉它港的圣母》。

1951年

画了《圣约翰十字架上的基督》。

1954年

3月—6月，在罗马帕拉维西尼宫举办回顾展。

1955年

创作了《最后的晚餐》。

1956年

7月1日—9月10日,在诺基李路的娱乐场举办回顾展。

1959年

创作了《克利斯朵夫·哥伦布发现美洲》。

1960年—1973年

陆续创作了《圣约翰的启示》(1960)、《神话》(1960—1965)、《新圣经》(1965)和《国王,我在巴比伦等着你》(1973)。

1962年

完成《德图昂大战》并在巴塞罗那展出。

1964年

出版了《一个天才的日记》。

1965年

创作《美元的崇拜》。

1965年—1966年

1965年12月18日—1966年2月28日　最重要的回顾展在纽约现代艺术博物馆举办。

1966年—1967年

创作《捕金枪鱼》。

1969年

11月15日—12月15日,在巴黎挪第勒画廊举办展览会。

1970年

完成《引起幻觉的斗牛士》。

1971年

出版第一部著作选《达利,对》。

1972年

4月7日—5月13日　在纽约挪第勒画廊第一次举办三维空间的作品展览会。

1971年—1973年

《十张生长不死的处方》出版。达利珠宝在菲格拉斯达利剧院博物馆展出。

1978年

当选为法兰西美术学院外籍院士。

1989年

1月23日,在菲格拉斯去世。